Next 教科書シリーズ

経済学入門

［第3版］

横溝 えりか・竹本 亨 編

弘文堂

はじめに

本書は、経済学をはじめて学ぶ方を対象とした経済学の入門書である。第2版と同様、大学の学部学生を対象とした経済学の講義で用いることを想定している。

執筆者は、これまで学部学生を対象とした経済学分野の講義を担当してきた経験を踏まえ、入門に続く段階で経済学の学習者に求められる知識や考え方を遡って本書に取り入れることを試みた。また理解しづらいと思われる点を中心に、丁寧な説明も心掛けた。

そのため本書は、学部学生が経済学の入門クラスでの講義の予習と復習に用いることができるだけでなく、経済学を自ら学ぼうとする方にとっての入門書の役割、さらには入門に続く段階へと経済学を学んでいき、理解が怪しくなった際に戻って確認ができる役割を持ち合わせることを目指している。

第3版における大きな変更点として、数学的準備（第1章）、ゲーム理論（第5章）、物価（第7章）、失業（第8章）、データ分析の基礎（第11章）を新たに加えた。

さらに、本書の特徴として、入門書にもかかわらず、応用経済学の分野など、扱う内容を広くしている点を挙げることができる。本書の執筆者が勤務する法学部政治経済学科に所属する学部学生は、経済学のみを専門に学ぶのではなく、経済学を政治、行政、法律といったほかの学問領域とともに学ぶ。本書で扱う内容をあえて広くすることで、基礎部分と応用部分との関連を知ると同時に、そのほかの学問領域と経済学との関わりについて考えるきっかけとなることも目指している。

最後になったが、第2版に続き、わたくしたち執筆者の原稿が書籍の形になることを助けてくださった、弘文堂編集部の加藤聖子氏と世古宏氏に感謝します。

2024年12月

執筆者を代表して　横溝えりか・竹本　亨

目　次　Next 教科書シリーズ『経済学入門』[第3版]

応用経済学編

第14章　国際経済学の基礎…179

序章 経済学への扉

本章のポイント

1. 経済学とは、理論・歴史・実証とから成る基礎理論と、それらの応用理論に分けられる体系的な学問であり、分析対象やアプローチの異なるさまざまな領域を含んでいる。
2. 経済学に特有の概念や用語として、希少性、経済人、トレードオフ、機会費用、インセンティブなどがある。これらを理解することは、経済学的な考え方を習得するための基礎となる。
3. 経済学史を紐解くと、スミス（Smith, A.）に始まる古典派経済学は新古典派経済学へと受け継がれ、現在のミクロ経済学やマクロ経済学へとつながっていることがわかる。また、マルクス経済学などのいわゆる主流派の経済学とは異なる多様な思想的背景や分析ツールを持つものも経済学には含まれていることから、経済学が時代の移り変わりの中で、さまざまに展開・発展してきた学問であることも理解できる。

1 経済学とは

A 経済と経済学

本書は、『経済学入門』というタイトルが示すように、経済学を初めて学ぶ人々を対象としている。ここでいう経済学とは、中学校や高等学校の社会科で学習する「経済」分野とは明確な違いがあることを認識する必要がある。それは、「経済学」とは学問だということである。すなわち、学問であるということは、経済学が理論に基づいて体系化された知識や方法を備えているということを意味する。高等学校の政治・経済分野などでも、経済学の理論が取り上げられてはいるものの、それは「体系化された学問」として提示されているわけではないのである。

とはいえ、「経済」を知ることは「経済学」の習得に必要なことではある。経済という言葉を辞書で調べてみると、「人間の共同生活の基礎をなす財・サービスの生産・分配・消費の行為・過程、ならびにそれを通じて形成される人と人との社会関係の総体」とある。さらに、経済学は、「経済現象を研究する学問」とされる。このような辞書の定義をそのまま受け入れるならば、経済学とは読んで字の如く「経済を研究する学問」だということになるかもしれない。

この辞書的な定義は、大枠では誤りではない。しかし、本章で示すように、経済学にはさまざまな側面（領域）があり、それぞれが分析の対象とするものや、用いている分析ツールも多種多様である。単に、高等学校までの知識で捉えてきた「経済」を研究する学問を経済学だと理解してしまうと、さまざまに展開する幅広い経済学の体系を捉え損ねてしまうかもしれない。

経済学は、社会科学のほかの分野（政治学、法学、社会学など）に比べ、体系化されているといわれている。これは、経済学が自然科学のように世界中のどこででも共通の枠組みが通じるような学問体系を持っているという意味である。つまり、経済に関わる事象についての分析ツールやアプローチの仕方は多種多様であるが、大多数の経済学者たちは、共通の理論的な枠組みを受け入れた上で、さまざまな議論を展開しているのである。

20世紀半ばに活躍した経済学者ロビンソン（Robinson, J.）は、「経済学を学ぶ目的は、経済問題に対する一連の受け売りの解答を得ることではなく、いかにして経済学者に騙されるのを回避するかを学ぶことである」と述べた。彼女の言葉にあるように、本書の各章から得る経済学の知識を手がかりに、経済学的な考え方を身につけることで、誰かの意見に左右されない自分なりの「経済社会を見る眼」が備わることを期待したい。

B 経済学の領域

ここでは、経済学の領域にはどのようなものがあるかについて、紹介する。まず、経済学を基礎と応用に分けて考えた場合、基礎的な領域は、以下の3つに分けることができる。

①経済理論の領域
②歴史的観点を持つ領域
③実証分析の領域

これら3つの領域を基礎として、より細分化されたテーマや、さまざまな分析ツールを用いる応用領域（応用理論）が展開している。

[1] 経済理論の領域：ミクロ経済学・マクロ経済学

基礎理論としての経済理論は、経済に関する基本的な法則や原理を含む領域である。一般的にミクロ経済学とマクロ経済学とに分けられる。ミクロ（micro）とマクロ（macro）の違いは、ミクロが個別の経済主体、つまり、個々の消費者や企業を分析の対象とするのに対し、マクロは巨視的な国民経済を分析の対象とする点にある。

ミクロ経済学の特徴は、市場経済における競争を重視し、個々の経済主体（消費者や企業）の行動から、市場全体の需要や供給へ分析を積み上げていく点にある。たとえば、消費者は価格や所得の変化に対してどのように自身の消費行動を変化させるかといったような消費者行動の理論や、どうすれば個々の企業が生産費（コスト）を最小化し収益を最大化することができるかという生産者行動の理論は、いずれもミクロ経済学に含まれるものである。

これに対してマクロ経済学は、インフレーションやGDP（国内総生産）などの国民経済全体に関わる動きに着目する点に特徴がある。さらに、マクロ経済学は、消費者と企業に加えて、政府という経済主体を想定し、それらの経済活動の集積を一国の経済全体という1つのものとして取り扱い、景気の動向などを導き出したり、分析したりする分野である。

このようにミクロ経済学とマクロ経済学の2つのアプローチは、異なる特徴を持つが、それらは対立するものではなく、互いを補完する体系となっていることを理解しておく必要がある。

[2] 歴史的観点を持つ領域：経済史・経済学史

経済史とは、文字通り経済の歴史を研究する領域である。その意味でこの分野は、経済学の一部を構成するものではあるが、歴史学の一部ともいえる。経済史の分野では、たとえば、18世紀のイギリスにおける産業革命、独立後のアメリカの経済成長、大航海時代のオランダ、戦後日本の高度経済成長など、国別、時代別などのテーマで研究が行われる。その際、単に、歴史上の事実を明らかにするだけではなく、それらが前後の時代の出来事とどのように結びつき、展開したのかについて解釈し、評価することも経済史の研究に含まれる。

経済学史とは、経済思想史とも呼ばれる分野であり、経済学の各理論が生み出された背景や経済学者たちの思想について研究する領域である。経済学者たちは、それぞれが生きた時代の社会問題に目を向けながら、各自の思想を反映させた理論を生み出してきた。経済学史を学ぶことにより、経済学者たちがどのような社会の側面に目を向け、理論を生み出そうとしたのかを理解することで、経済理論そのものの理解が促進されることが期待できるのである。

[3] 実証分析の領域：統計学・計量経済学

経済学において、実証分析は、理論を裏付けたり、補完したりする重要な役割を果たしている。統計学や計量経済学は、経済学における実証分析を支える領域である。時代の流れとともに、分析ツール（コンピューター）の進化も相まって、より複雑で精緻な分析が行われるようになった。それにより現代では、実証分析の手法は多様になり、対象となるテーマもより広範になってきている。

[4] 応用理論

これまでみてきた基礎的な領域を踏まえて、より複雑な研究を行う領域として応用理論（応用経済学）がある。応用経済学には、たとえば財政学、金融論、公共経済学、国際経済学、労働経済学、医療経済学、環境経済学など、さまざまな分野がある。そして、これらの各領域にそれぞれ理論と歴史的観点が含まれる。

以上のような経済学の各領域について理解したところで、本書の構成とそれぞれの領域の関連を確認しておこう。

C 本書の構成

本章の２節以降と第１章では、第２章以降の理論を学ぶために最低限必要な基礎的な知識を取り上げている。続いて、第２章〜第５章までをミクロ経済学、第６章〜第10章までをマクロ経済学、第11章以降を応用経済学にそれぞれ充てている。

本章の２節以降では、学問としての経済学の特徴を理解した上で、経済学に特有の用語や概念について確認したのち、経済学の成り立ち（経済学史）について概観する。さらに、第１章「数学的準備」では、高校までの数学の復習にはじまり、関数、グラフ、グラフの傾きなどについて、それらの経済学的な意味を解説している。

ミクロ経済学編の第２章「消費者行動」と第３章「生産者行動」では、市場における消費者や生産者の行動に関する理論を扱っている。消費者の効用最大化、生産者の利潤最大化などの原則と、それらを前提とした理論的展開を解説している。第４章「市場と社会的厚生」では、市場における競争や均衡および独占競争市場のメカニズムについて説明している。第５章「ゲーム理論」では、現代の経済学の要素として欠かせないゲーム理論のエッセンスを解説している。

マクロ経済学編の第６章「国内総生産（GDP）」、第７章「物価」、第８章「失業」では、それぞれマクロ経済学におけるキーワードを章のタイトルとし、経済学的な観点からそれらを解説している。**第6章**では、経済主体である家計・企業・政府に関わる経済循環や、GDPの統計データについても取り上げる。**第7章**では、物価変動がGDPの解釈に与える影響や、インフレーション、デフレーションについて解説し、**第8章**では、マクロ経済において重要な失業の発生要因や、関連する経済指標としての完全失業率、労働市場均衡などを取り上げている。続く**第9章**「均衡所得の決定」では、ケインズ（Keynes, J. M.）の有効需要の原理や、政策や減税の効果を理論的に説明する。**第10章**「金融システム」では、経済活動にとって重要な金融や中央銀行の役割などについて解説する。

応用経済学編の**第11章**「データ分析の基礎」では、実証分析の手法の基礎知識を確認する。**第12章**「財政学の基礎」では、政府の経済活動の役割（機能）について解説したのち、日本の財政について現状を概観し、その問題を取り上げている。**第13章**「公共経済学の基礎」では、市場の失敗に関連して、外部性、公共財、自然独占、情報の非対称性、所得格差、景気循環などのケースについて解説する。**第14章**「国際経済学の基礎」では、貿易や外国為替相場、国際収支など、国際関係に関わる経済理論を扱っている。

2 経済学の特徴

本節では、**第2章**以降の具体的な経済理論を習得する前段階として理解しておくべき経済学の特徴的な概念や用語について、解説をしておきたい。これらを理解することは、経済学的な考え方を習得する際の基礎となるものである。

A 経済主体

前節で述べた経済理論の基礎的な領域、すなわちミクロ経済学とマクロ経済学、いずれの分野においても、経済について論じる場合、われわれはそこで主体的に経済活動を行う存在を研究の対象として取り上げることになる。ミクロの視点で主体的に経済活動を行う経済主体は、消費者と企業であり、マクロ的な視点においては、政府である。経済学においては、伝統的に消費者を家計として取り扱ってきたため、本書でもそれに従い、経済社会における主体を家計、企業、政府と捉え、それぞれの経済行為を分析の対象とする。

B　希少性と資源配分

経済学を理解するために重要なキーワードの１つに希少性がある。これは、経済学が分析の対象としているものに関わっている。希少性が存在しなければ経済学という学問も存在しないとまでいわれることもあるほどである。われわれは、毎日多種多様な財やサービスの中から選択し、消費することで生活を営んでいる。しかし、時間、お金などを含めてわれわれが利用できる資源のほとんどは有限である。つまり、生産のために必要な資源が希少であるからこそ、それをどのように有効に用いるかという問題が生じるのであり、それが経済学の追究すべき基本問題（資源の最適配分問題）として位置付けられるのである。

経済学者は、人々の労働、消費、貯蓄、投資などを研究の対象としているが、彼らは、それらが経済全体に与える影響のさまざまな要因や傾向を分析するだけでなく、経済活動を通じて人間がどのように相互に関わり合うのかについても研究している。したがって、経済を研究するということは、結局はその担い手である人間を研究することにもつながっているといえるのである。

さらに、経済学では、財を経済財と自由財とに分けて捉えるという特徴があることを理解しておく必要がある。一般に空気や美しい自然の景色などは、自由財と呼ばれ、価格は生じない。これは、需要に対して供給が十分上回るため需要はすべて満たされると考えることができるからである。すなわち、自由財は希少ではないため資源配分の問題は生じないということから、経済学が対象とする財・サービスには含まれないのである。

他方、自由財以外の多くの財・サービスは、経済財と呼ばれ、市場での取引対象として価格が生じ、市場メカニズムを通じて、資源の有効利用が図られることになる。つまり、経済財こそが希少性を持つ財であり、経済学の対象となるのである。

C 市場経済と計画経済

最適な資源配分の実現という経済学における基本問題を解決するためには、大きく２つの方法がある。１つは、市場経済を通じた資源配分の最適化である。基本的に、資本主義国家は、市場経済の形態を採用しているが、それは、私有財産制度と私的利益の追求の自由（自由競争）に基づいている。市場において、人々は利己心に基づく私的利益の追求を行った結果として成果を得るが、それは個人の財産として法的に認められる。このように市場を通じた人々の自由な経済活動の結果が蓄積し、社会全体の発展・繁栄へとつながることが期待されるのである。

そもそも市場とはどのようなものだろうか。経済学では、市場とは、互いの利益のために複数の人々が経済活動の成果を持ち寄って、交換するための場であると想定する。そして、その交換を仲立ちするのが貨幣である。さらに、価格は、市場において希少な財・サービスの利用を特定の人に限定するための手段の１つとして機能する。そして、市場において人々は自由に競争をし、経済的に成功すれば大きな利益を得るし、失敗すれば市場から撤退する（たとえば、企業の倒産など）ことになる。

最適な資源配分の実現を図るためのもう一つの方法は、計画経済である。これは、市場メカニズムを用いることなく、中央政府が財・サービスの生産量やその配分を計画的に決定する体制であり、ソ連などの旧社会主義国で用いられた。また、生産手段が公有（国有、共有）となる点も資本主義経済の体制とは異なる大きな特徴である。

実際には、完全な市場経済も完全な計画経済も存在しない。現状、世界で最も広く採用されているといえるのは、その両者の混合（混合経済体制）である。資本主義国家は基本的には市場経済を基本としているが、わが国を含め、政府・公共部門の活動をある程度含んだ混合経済体制をとっているといえる。また、社会主義国家の中にも、市場経済を部分的に採用している国家が存在している。

D 経済学のエッセンス

以下では、経済学的な考え方を習得するために必要な経済学に特有のいくつかの概念を紹介しておこう。

[1] 経済人（ホモ・エコノミクス）

経済学では、経済原則に従う合理的な人間を経済人（ホモ・エコノミクス）と呼ぶ。ここでいう、合理的な人間とは、与えられた条件の下で、ベストを尽くして自分の目的を達成しようとする人間である。現実の世界では、人間は経済的な動機のみで自身の行動を決定するわけではないし、経済的な意思決定が求められる場合であっても、非合理的な行動を選択することもあり得る。しかし、経済学の理論は、「人間は必ず合理的な行動をとる」ことを前提とし、経済活動を「標準化（一般化）」しなければ、なんらかの結論を導き出すことができない構造になっている。したがって、経済学の理論では、「ある経済的な目的を達成するために、与えられた条件の中で最も望ましい行為を選択する」という意味での合理的な行動をとる「経済人」の想定が必要不可欠なのである。

[2] トレードオフ

経済学では、われわれが、意思決定を行うとき、すなわち、何かを選択するというとき、それは、一方を選択することで他方の選択肢を諦めているということを意味する。

たとえば、大学の授業が終わって、夕方から東京ドームに大好きな野球を見に行くつもりでいた矢先に、突然アルバイト先から、「これからシフトに入ってほしい」という依頼が来たとする。ここで、アルバイト先の依頼を断ってドームに行けば、大好きな野球観戦を楽しむことができる。他方、アルバイト先の依頼を受ければ、野球を楽しむことはできないけれど、臨時収入が手に入ることになる。このように、一方を選択すれば、他方は諦めなければならないという状況を、経済学では、トレードオフの関係にあるという。

[3] 機会費用

人々が日々トレードオフに直面しながら意思決定を行う際には、経済学的な考え方としてそれぞれの選択肢の費用と便益を比較することが必要である。このような場合、機会費用という概念を理解しておくことが重要である。機会費用とは、あるものを獲得するために放棄したもの、言い換えれば、別の選択肢を選んでいれば得られたはずの便益ともいえる。

たとえば、高校卒業後に大学に進学するか、進学せずに就職するかを決定する場合を考えてみよう。大学に進学する場合の便益は、より多くの知識を得られることや、高卒での就職よりも望ましい就職の機会を得られることなどが挙げられる。では、費用はどうだろうか。進学の費用は、学費、教科書代、住居費や食費などを足し合わせるとすべてが算出できるかといえば、実はそうではない。大学に進学しなくても、住居や食費は必要であるから、それは大学進学に特有の費用には含まれないのである。ここで重要なのは、時間というコストを考慮することである。学生は、講義を聴いたり、予習をしたり、レポートを書いたりする必要があり、当然ながらそれらに取り組む時間は、労働に充てることはできない。上記のような学生としてやるべきことと、労働とはトレードオフの関係にあるからである。もし、大学に進学せず就職した場合には、大学生活を送る時間も労働に充てられ、その分の賃金が手に入ることになる。すなわち、その賃金こそが、大学に進学したために放棄したもの、つまり、大学進学を選択したときの機会費用なのである。

[4] インセンティブ

もう一つ、合理的な人々が経済的な事象に関わる意思決定をすることについての重要な概念としてインセンティブ（誘因）を挙げておこう。インセンティブとは、懲罰や報酬のように、人々に何らかの行動を促す要因のことである。たとえば、付録に惹かれて雑誌を買ってしまったという場合、付録というインセンティブが購入意欲を刺激して雑誌を買わせた、と表現することができる。

インセンティブには、さまざまな側面がある。金銭的なメリットを与えることで、人々に行動を起こさせることもあれば、逆に、金銭的なペナルティを与えることで、人々に行動を自粛させる（駐車違反の罰金など）こともインセンティブの一種である。また、非金銭的なメリット（名誉、快適さ、楽しさなど）もインセンティブになりうる。

3　経済学のあゆみ

本節では、経済学の歴史的展開（経済学史）を確認しておこう。それは、いわば「経済学者たちによる格闘の歴史」である。

A　経済学史とは何か

経済学史は、それぞれの時代の経済学者たちによって紡がれてきた。しかし、それは、さまざまな理論の中から正しいものが勝ち残って経済学が形成されたという道筋ではない。経済学史を紐解くと、経済学者たちが、それぞれの時代や国の社会制度や政治、文化などを背景として、既存の考え方と向き合い、それを批判したり修正したりしながら新たな理論を構築してきたことがわかるだろう。さらに、経済学史の研究では、現代の経済学に反映されていない埋もれた理論や思想が掘り起こされることもある。そのような理論や思想は、ある時代においては無視されたり誤りを指摘されたりしたかもしれないが、現在の社会問題を解決するために有効となる可能性もある。これが経済学史の研究の1つの意義といえる。

以下では、経済学の歴史においてとりわけ重要な3名の経済学者を中心に、経済学史を概観してみたい。すなわち、18世紀後半に『国富論』（1776年）を出版し経済学の扉を開いたとされるスミス（Smith, A.）、19世紀に『資本論』（第1巻：1867年）を著してスミスの系譜とは異なる経済学の体系化を試みたマルクス（Marx, K.）、そして20世紀に『雇用・利子および貨幣の一般理論』（1936年）によって、経済学に新たな潮流をもたらしたケインズの3名である。

B　古典派経済学

現代につながる体系的な「経済学」が誕生するきっかけは、スコットランド出身の道徳哲学者スミスによる『国富論』の出版である。もちろん、それ以前に、経済に関する言説・著作が存在しなかったわけではないが、それらは理論的体系化に至らなかったといえる。たとえば、スミスに先立って『経済表』（1758年）を出版したフランスのケネー（Quesnay, F.）を筆頭とする重農主義者たちは、農業だけが富と余剰を生み出す産業であるという考えを基に、眼前の経済の仕組みを描き出そうとした。

このような重農主義は、16世紀から18世紀のヨーロッパにおいて中心的な思想であった重商主義に対する批判から生じたものであった。重商主義とは、社会の富は金銀であるとし、その富は貿易によって増加するという考え方に基づいていた。具体的には、国家による税制優遇や補助金などによって、保護貿易政策や産業育成政策が進められた。重農主義同様、スミスの『国富論』はこのような国家による重商主義体制を批判し、自由貿易による市場の拡大と経済発展の促進を主張したものである。また、スミスは、富とは、国家が金銀を蓄積することではなく、人々の生活のための消費財すべてをさすとし、その財の価値はそれらを生産するための労働によってもたらされる（労働価値説）と考えた。この労働価値説は、リカード（Ricardo, D.）やマルクスらに受け継がれていった。

また、スミスは『国富論』で、分業による生産性の向上と、個々人の利己的な利益追求の行動が、「見えざる手（invisible hand）」によって彼らが意図しないうちに社会全体の利益と発展をもたらすことを述べ、市場メカニズムの利点を示した。さらに、スミスは、政府が市場に過剰に介入することは、市場の効率性、すなわち市場メカニズムの利点を損なうので不必要であると批判し、経済的な自由主義を主張したのだった。

スミスに始まる経済学は、後の時代に古典派経済学と呼ばれることになるが、古典派の代表的な経済学者には、リカードとマルサス（Malthus, T. R.）が挙げられる。リカードは、『経済学および課税の原理』（1817年）で比較生産費説を唱え、自由貿易の優位性を唱えた。他方、リカードの同時代人でありライバルでもあったマルサスは『人口論』（1798年）を出版し、自国の農業を重視する立場から、保護貿易を主張した。この観点、すなわち、「自由貿易か保護貿易か」という議論は、現代まで続く経済に関する普遍的な論点である。

続く19世紀半ばの代表的な古典派経済学者として挙げられるのは、ミル（Mill, J. S.）である。彼が著した『経済学原理』（1848年）は、基本的にリカードの経済学を継承したものであり、この後、新古典派経済学が主流となるまで、欧米において経済学の教科書として広く普及した。

以上のように、古典派経済学は、自由主義的な思想を背景として19世紀半ばまで展開した。

C　マルクス経済学

18世紀後半から19世紀前半には、イギリスから始まった産業革命の波が欧米各国に押し寄せ、経済成長が進んだ。古典派経済学は、地主・資本家・労働者の各経済主体で構成される資本主義社会において、各自の自由な利益追求のもとで市場メカニズムが機能することによって社会が発展することを期待したものであった。しかし、19世紀に入った頃から、その期待とは裏腹に、資本主義の負の側面、すなわち、労働者の貧困や、経済恐慌の発生などが顕著になり、社会問題として認識されるようになった。そのような資本主義社会のマイナス面に着目し、既存の経済学に異を唱えた人物が、マルクスであった。

マルクスは、リカードの経済学を学び、そこから労働価値説を批判的に継承した。マルクスは、労働から生み出される商品の価値以上のものを、新たに「剰余価値」と名づけ、その剰余価値が、その担い手である労働者ではなく、資本家の手に渡ってしまうことを労働の搾取であるとした。すなわち、マルクスは、労働者が、自身の労働で生み出した価値を自分のものにすることができないという資本主義社会における矛盾を描き出したのである。マルクスは、そのような不平等な構造を持つ資本主義社会はいずれ崩壊するとし、そこに至る過程を論理的に示そうとした。それは、既存の経済学批判であると同時に、資本主義社会の構造に対する批判を込めた新たな経済学を生み出そうとする試みであった。そして、マルクスは、資本主義社会が崩壊したのちの理想の社会として、労働者による労働者のための社会（共産主義）の実現を構想したのだった。

D　新古典派経済学・ケインズ経済学

マルクスの亡くなった1883年にイギリスで生まれたのが、20世紀最大の経済学者ケインズである。ケインズの師は、当時のケンブリッジ大学の重鎮でもあった経済学者マーシャル（Marshall, A.）であるが、現在、経済学を意味するEconomicsという語が使われ始めたのは、マーシャルが活躍した時期である。古典派経済学が隆盛の時代には、経済学をさす言葉として富の増大や分配法則を考える学問という意味で政治経済学（political economy）が、用いられていた。それに対し、マーシャルやイギリスの経済学者ジェヴォンズ（Jevons, W.S.）は、Economicsという語の普及を推進したが、これは、古典派の政治経済学的な観点とマーシャルらが展開する経済学の性質が異なってきたことを強調する意味があった。

それと関連して、19世紀の半ばには、主流派の経済学の世界に「限界革命」と呼ばれる大変革がもたらされた。イギリスのジェヴォンズ、フランスのワルラス（Walras, M. E. L.）、オーストリアのメンガー（Menger, C.）が、ほぼ同時期に互いに他を知らないまま、限界効用つまり、消費量を一単位増やしたときの効用の増分についての概念をつかみ、後の限界概念による経済理論の発展に大きな影響を与えたのである。これは、古典派経済学に脈々と受け継がれてきた労働価値説に対する異論から、新たな価値の源泉、つまり、「個人によって異なる財に対する満足感」=「効用」概念が経済理論に導入されていくことに付随して生じたといえる。

このような限界革命を経て、経済学において一般均衡理論が発展していった。特にワルラスによる貢献が顕著である。彼は、主著である『純粋経済学要論』（1874年）で、個人の交換の理論の基礎として、効用理論を位置付け、さらに、需要関数、生産関数の理論などを経て、一般均衡理論を構築した。ワルラスの示した理論は、現代のものとは厳密さは劣るものの、ミクロ経済学の理論モデルとして重要な一般均衡理論の基礎を形作ったのである。

このように19世紀末は、経済学が古典派経済学から大きく形を変えた時期であった。その主要な担い手の一人であったマーシャルは、古典派のスミスやリカードの経済学を信奉し、古典派を継承する意味で自らの経済学を新古典派経済学と称していた。これ以後、新古典派経済学が主流派として展開していく。マーシャルの最大の理論的貢献の1つは、主著『経済学原理』（1890年）において、「他の条件が一定である」という条件のもとで限界効用を用いて市場における消費者行動を説明したことである。限界効用という用語も、マーシャルのこの書を通じて一般的に利用されるようになった。また、マーシャルが経済学を学ぶ学生たちに向けた講演で述べた言葉として、「冷静な頭脳と暖かい心（cool heads but warm hearts）」がある。マーシャルにとって、経済学の知識は「冷静な頭脳」に対応するものだが、彼は、それだけでは貧困や経済社会の問題は解決できないことを理解し、経済学を学ぶ学生たちに「暖かい心」をもって現実の社会問題の解決・改善のために寄り添う姿勢を求めたのであった。

20世紀に入ると、マーシャルが率いたケンブリッジ学派（新古典派経済学）が隆盛の中、ケインズが異彩を放つことになる。1920年代、ケインズは、新古典派経済学の「市場メカニズムにすべてを委ねておけば最適な資源配分が達成される」という考えは、現実を無視しているとし、批判した。すなわち、ケインズは、市場メカニズムの機能を否定したわけではないが、現実の経済社会においては、それが十分に機能しない場合があり、それを是正するためには国家、もしくは何らかの機関による介入・調整が必要不可欠であると考えたのである。

ケインズは、1936年に『雇用・利子および貨幣の一般理論』を発表し、当時の主流派であり師でもあったマーシャルの新古典派経済学とは異なる、新たな経済学を提示することを試みた。ケインズはこの著作で、不完全雇用下における雇用量決定の理論を提示した。これは、現実には働きたくても職につけない「非自発的失業」の存在することを無視した既存の経済学の矛盾を指摘したものである。さらに、既存の経済学に、有効需要の原理や乗数などの概念を導入し、今日のマクロ経済学の基礎を提示した。彼は、第2次世界大戦の終結直後に亡くなるが、以後、ケインズ経済学が現実の経済政策と結びついて、世界経済に与えた影響は非常に大きかった。

20世紀末に近づくと、ケインズ政策と結びついた福祉国家体制が世界的に行き詰まりをみせるとともに、それに対抗するハイエク（Hayek, F. A.）やフリードマン（Friedman, M.）らによる新自由主義に基づく経済学も活発に展開した。また、経済学は、他分野の手法を積極的に取り入れ多様性を増していった。たとえば、ゲーム理論や心理学の導入は行動経済学のような新領域を生み出し、経済学の分析対象は広がりをみせていくこととなった。

以上のように経済学史を振り返ると、大きく分けて2つの潮流がせめぎ合ってきたことがわかるだろう。すなわち、スミスのように国家の干渉を受けない自由主義に基づくものと、マルクスやケインズのように国家による干渉を必要とする介入主義の2つである。18世紀の後半から国家主導の重商主義に対抗する自由主義的な流れが始まり、古典派から新古典派という流れで経済学の主流派を形成してきた。他方、19世紀に資本主義社会が発展を遂げるにつれ、市場経済がもたらす負の側面が顕在化し、貧困や社会的不平等の問題に光が当てられ、マルクスのように国家が経済に全面的に介入するような経済体制を志向する思想に基づく経済学の構想が生まれた。さらに、20世紀に入り、ケインズは、市場メカニズムの不具合を指摘し、それを是正するために必要な国家による介入の必要性を訴え、その観点を導入した新しい経済学を生み出そうとしたのである。

以上の通り、経済学は、「1つの完成した理論」に集約されてきたわけではない。時代や思想的背景だけでなく、分析に用いるツールとして多くの他分野の知識を導入することによって、経済学は分析対象を拡大させる方向に発展してきた。このような経緯を踏まえると、今後も、経済学は、社会変化や時勢に応じて、より複雑で広範な社会経済事象を扱うために発展していくであろう。

推薦図書

- **中村隆之『はじめての経済思想史―アダム・スミスから現代まで』講談社，2018.**

  本書は、経済学史の入門として内容・ボリュームともに手に取りやすい一冊である。本章で取り上げた経済学者たちの思想の展開を「良いお金儲け」を促し、「悪いお金儲け」を抑制する流れとして描き出し、解説している点に特徴がある。

- **江頭進『はじめての人のための経済学史』新世社，2015.**

  本書は、経済学史を学ぶ学生が、自分の力で読み、学習することを想定して書かれている。特に、それぞれの経済学者が生きた時代と国について、世界史の知識に乏しい初学者にわかりやすいように多めに解説があり、経済学者たちの思想の背景が理解しやすい教科書である。

第1章 数学的準備

本章のポイント

1. 第2章以降の内容を学ぶためには最小限の数学的知識が必要である。本章では、そのことについて説明する。
2. 本章で学ぶ内容の中には高校で学んだ内容も含まれる。該当箇所には 高校の復習 というマークが付されている。
3. 経済学では、変数が2つ以上ある関数（多変数関数）が多く登場する。これらには、関数の値が同じとなる変数の組合せが複数存在し、地図の等高線のように、それらを結んだ無差別曲線や等量曲線が描ける。
4. 2次関数や3次関数のグラフの傾きは、傾きを求めたい点の接線の傾きである。
5. 経済学で用いられる関数のグラフの傾きは、経済学的な意味を持っている。たとえば、第3章で学ぶ費用関数のグラフの傾きは、限界費用を表している。

1 関数とは

A 関数の基本 高校の復習

経済学では、効用関数（経済学的な詳しい説明は第2章を参照）や生産関数（同じく第3章を参照）といった“関数”が多く登場する。そこで、まずは関数の基本について説明する。関数というと、難しい！と思う人もいるかもしれないが、その考え方自体は決して難しくないし、世の中には関数で表現できるものは意外と多い。皆さんは、アニメの『ドラえもん』に登場する「ガリバートンネル」という架空の道具を知っているだろうか。大きな方の入口からドラえもんが入ると、小さな方の出口から小人サイズに小さくなったドラえもんが出てくるという仕掛けである。これはまさしく“関数”といえる。なぜならば、「ガリバートンネル」はこれから説明する“関数”の特徴をすべて持っているからである。

「ガリバートンネル」を描くのは大変なので、もう少し単純にして「入口」と「出口」の開いた箱を例にして説明しよう。

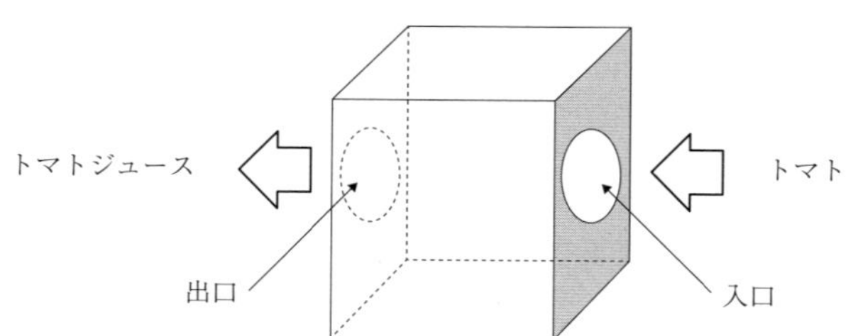

＊ルール：入口から入った材料を元にしたジュースが出口から出る。

図1-1 “関数”のイメージ

この箱の特徴は、①「入口」と「出口」がある、②「入口」から入れたモノが箱の中で「ルール」に基づいて変形されて「出口」から出てくる、という2点である。箱には名前が付いており、ここではジューサー関数と呼ぶことにしよう。そして、ジューサー関数の右の「入口」からトマトを入れると、左の「出口」からトマトジュースになって出てくる。「入口」にオレンジを入れると「出口」からはオレンジジュースが出てくる。つまり、入口から入った材料を元にしたジュースに加工されるわけで、オレンジを入れてリンゴジュースが出てきたりはしない。これがこの箱の「ルール」である。“関数”とは、このような箱をイメージすればよいのである。

最後に、「入口」から入るモノが限定されることもある。このジューサー関数も果物や野菜しかダメで、鉄や石油ではジュースにならない。このように「入口」から入るモノを限定するための範囲を定義域という。同様に「出口」から出てくるモノの範囲を値域という。経済学で使う関数では、定義域と値域がゼロ以上（これを非負という）の数値という場合が多い。これは価格や生産量が負の数値ということは現実的でないからである。

B　関数の表記方法　高校の復習

それでは数学に出てくる“関数”、つまり数字を入れるタイプで説明してみよう。たとえば、「入口」から1を入れると「出口」から2が、2だと4が、3だと6がそれぞれ出てくるとする。この箱の「ルール」は、「入口」から入った数字を2倍にした数字を「出口」から出すというものである。

この数字の例で、関数を箱ではなく数式で書くと次のようになる。

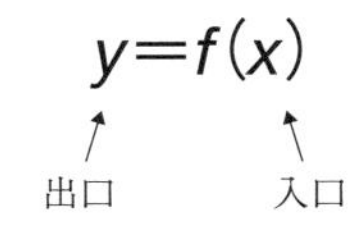

図 1-2　数式による関数

この表記方法では、「入口」は括弧の中の変数（この例では x）で、「出口」は等号の左の変数（この例では y）で、関数の名前は括弧の左のアルファベット（この例では f、よって「関数エフ」と呼ぶ）である。そして「ルール」の書き方は次のようになる。

【例 1】　$y=f(x)=2x$　（または $y=2x$）　(1-1)

この「ルール」は、「入口」である変数 x に代入した数字を2倍にして「出口」の変数 y に出すというものである。たとえば変数 x に2を代入すると、変数 y は4となる。ここからは、関数は数字を使うタイプのみを考え、その表記方法も箱ではなく数式とする。

高校数学では関数（function）の名前はfばかりであったかもしれないが、経済学では効用関数（utility function、**第2章**を参照）はuを、費用関数（cost function、**第3章**を参照）はcを使うなど、いろいろなアルファベットが使用される。これは、アルファベットからどのような関数かを類推しやすいようにするためである。さらに、複数の関数が同時に出てくる場合もあり、それらを区別するためでもある。

C　多変数関数

ここまでは「入口」や「出口」が1つしかない関数をみてきたが、ここでは「入口」が2つ以上ある関数を考える。このような関数を多変数関数という。

$$z=f(x,y)$$

この関数fの「入口」はxとyの2つの変数で、「出口」は変数zである。さらに、この関数の「ルール」が次のようだったとする。

【例2】　$z=f(x,y)=x+y$　（または$z=x+y$）　(1-2)

この「ルール」だと、1つ目の「入口」である変数xに4を、2つ目の「入口」である変数yに2をそれぞれ代入すると、「出口」である変数zからは6が出てくる。変数xに8、変数yに0だと、変数zは8となる。

D　経済学での多変数関数の例：効用関数

経済学で使用する関数には多変数関数が多い。たとえば、効用関数は消費から得られる効用（＝満足）を算出するときに使用する（効用や効用関数の経済学的な詳しい説明は**第2章**で行う）。つまり、「入口」から消費する財の量を入れると、「出口」から効用の値が出てくる。この場合、一般的には消費する財の種類は1つでなく、2つ以上である。たとえば、効用水準をU、クッキーの消費量をx、コーヒーの消費量をyとして、効用関数uが次のようであったとする。なお、定義域は$x \geqq 0$、$y \geqq 0$である。

【例3】　$U=u(x,y)=x \times y$　(1-3)

クッキーを2枚とコーヒーを1杯だけ消費した場合の効用水準は2である。コーヒーをおかわりして2杯にすると、効用水準は4に上がる。もし財がもう1種類増えてアイスクリームも消費する場合には、「入口」が3つある関数で効用関数を定義することになる。

なお、クッキーとコーヒーの消費量を表す変数として、x_1 と x_2 のように x の右側に添え字で1や2の数字を付けた文字を使用する場合（$u(x_1, x_2)$ や $u(x_1, x_2, x_3)$）がある。これは使用するアルファベットの種類が多すぎると、それぞれが何を表すのかわからなくなるからである。この場合だと、x は消費する財の量であることを表し、添え字の数字が1番目の財（＝クッキー）や2番目の財（＝コーヒー）を表すというように整理されている。

2　関数とグラフ

A　1次関数のグラフ　高校の復習

関数は、「入口」から入れたモノが箱の中で「ルール」に基づいて変形されて「出口」から出てくると説明した。これは言い換えると、関数は「入口」から入れたモノと「出口」から出てくるモノの間に関係を結んでいるといえる。その関係を一般的に記述したものが「ルール」である。本章では、関数の「ルール」によって関係づけられた「入口」から入れたモノと「出口」から出てくるモノの組合せを、関数を満たす組合せと表現する。【例1】のように「入口」と「出口」から出し入れするモノが数値の場合には、関数を満たす組合せをわかりやすくみせる方法がグラフである。

ここでは、【例1】を使って、関数とグラフの関係を説明する。式（1-1）の変数 x に0〜5を代入した場合の変数 x と y の値の組合せは、表1-1のようになる。

これらを、横軸を x、縦軸を y とした xy 平面に点描する（図1-3）。

表1-1　【例1】の x と y の組合せ

組合せ	①	②	③	④	⑤
x	0	1	2	3	4
y	0	2	4	6	8

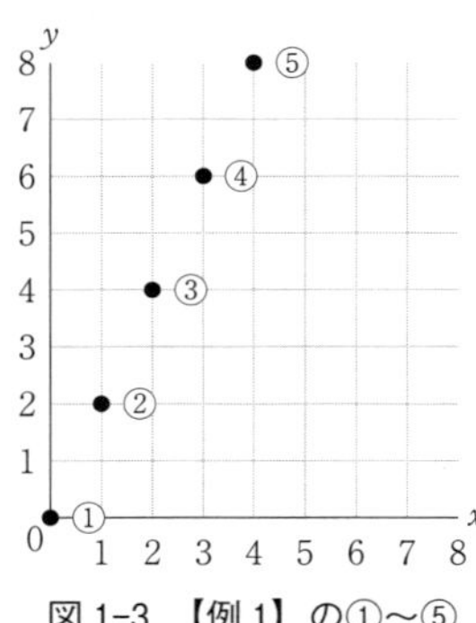

図 1-3 【例 1】の①〜⑤

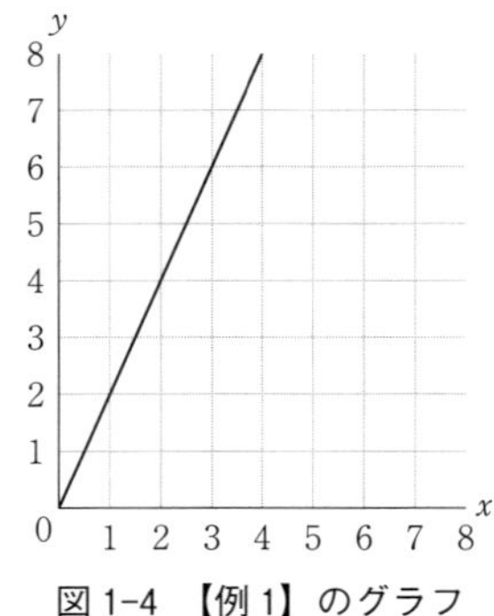

図 1-4 【例 1】のグラフ

この図の利点は、1つの点で変数xとyの2つの値を一度に表すことができるところである。たとえば、図 1-3 の点③の場合、この点の横軸の目盛である2は変数xの値を、縦軸の目盛である4は変数yの値を表している。要するに、点③は $(x, y)=(2, 4)$ という変数xとyの値の組合せを表しており、これは表 1-1 の組合せ③のことである。つまり、表 1-1 の組合せ③と図 1-3 の点③は同じものといえる。

この関数からは、もっと多くの変数xとyの組合せを生み出すことができる。変数xの0と1の間の数値、たとえば0.5や0.8に対しては、1や1.6といった変数yの値が組合せとなる。これらを図 1-3 に点描すると、点①と点②を結んだ直線の上にそれらの点が描かれることになる。さらに多くの0と1の間の数値で点描していくと、非常に多くの点の集まりができ、それが点①と点②を結んだ直線にみえてくるはずである。これらのことを発展させて、$0 \leqq x \leqq 4$ を満たすすべての変数xに対する変数xとyの組合せを、xy平面に点描すると図 1-4 のような直線となる。これが、式 (1-1) の関数fのグラフである。つまり、「定義域 $0 \leqq x \leqq 4$ での式 (1-1) の関数f」と「図 1-4 のグラフ」は両方とも変数xとyの組合せの同じ集合を表しており、表現方法が数式か図かの違いはあっても、2つは同じものといえる。

最後に、式 (1-1) のように1次の項（「$2x$」のこと）のみの関数、または1次の項と定数からできている関数（例：$2x+3$）を1次関数という。1次関数のグラフは直線となる。

B　2次・3次関数のグラフ　高校の復習

「ルール」に$f(x)=x^2$のように2次の項（「x^2」のこと）を含む関数を、2次関数という。同様に、$f(x)=x^3$のように3次の項を含む関数を3次関数という。なお、$f(x)=x^3+x^2$のように3次だけでなく2次の項を含む場合は、次数の一番高い3次の項から3次関数といい、2次関数とはいわない。

2次関数や3次関数についても1次関数と同様に、関数によって関係づけられた変数xとyの組合せの全体を、視覚的にわかりやすく表現するにはグラフが一番である。ただし、1次関数と違って直線にはならずに曲線となる。

次の2つの例を使って、2次関数と3次関数のグラフをみていこう。

【例4】

$$y=f(x)=x^2 \tag{1-4}$$

【例5】

$$y=f(x)=x^3 \tag{1-5}$$

図1-5が【例4】の2次関数のグラフである。そして、図1-6が【例5】の3次関数のグラフである。

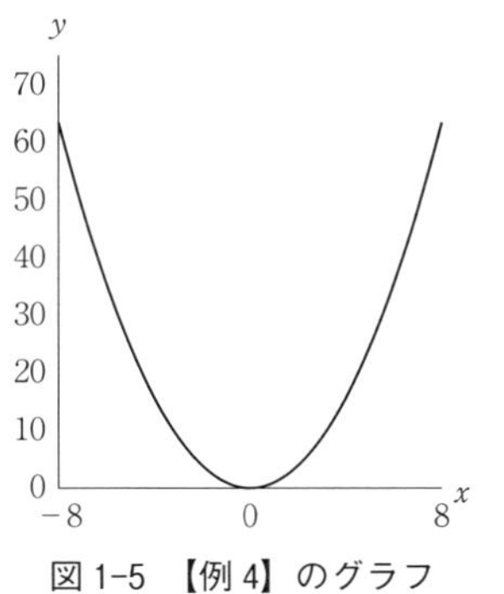

図1-5　【例4】のグラフ

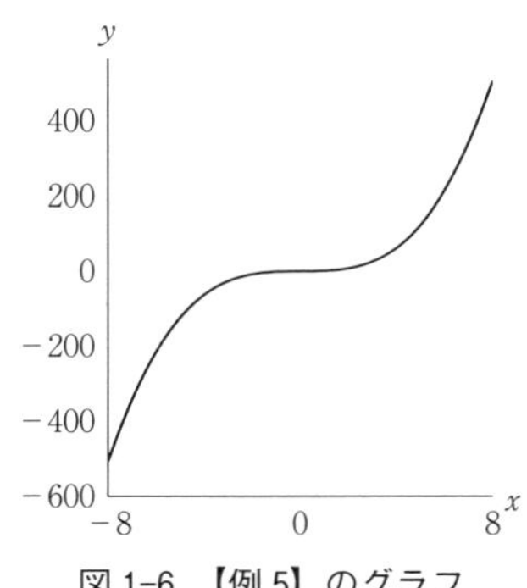

図1-6　【例5】のグラフ

C　グラフの交点　高校の復習

経済学では、需要曲線（第2章を参照）と供給曲線（第3章を参照）のように、同時に2つのグラフが描かれることがある。次の例を使って、グラフの交点の意味を考えていこう。

【例6】

$$y=f(x)=3x \tag{1-6}$$

$$y=g(x)=-2x+20 \tag{1-7}$$

図1-7が【例6】の2つの関数のグラフである。ここで、2つのグラフの交点である点①は、$(x, y)=(4, 12)$ という変数xとyの値の組合せを表している。関数fの変数xに4を代入したときの変数yの値は12であるから、この $(x, y)=(4, 12)$ は関数fを満たす組合せである。さらに、関数gの変数xに4を代入したときの変数yの値も12であるから、この$(x, y)=(4, 12)$は関数gを満たす組合せでもある。つまり、$(x, y)=(4, 12)$ は関数fとgの両方を満たす組合せといえる。これが2つのグラフの交点の意味である。

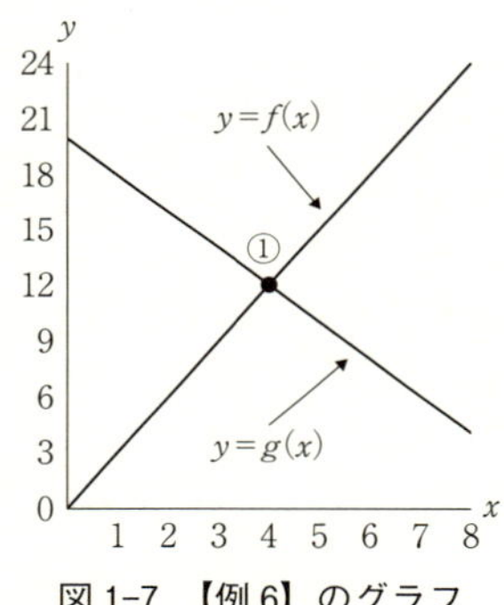

図1-7 【例6】のグラフ

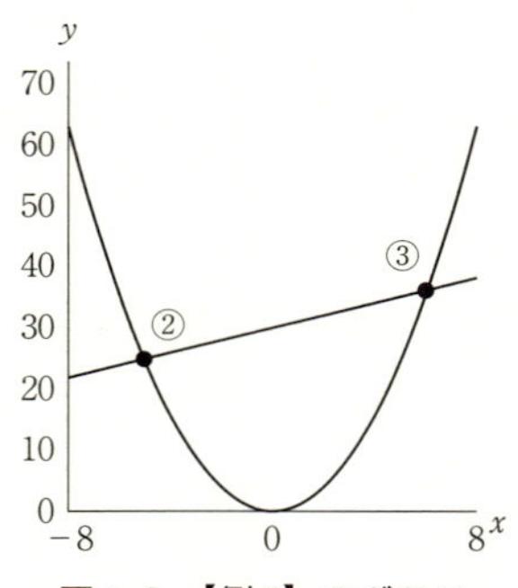

図1-8 【例7】のグラフ

関数fとgの両方を満たす組合せを計算でみつける方法は、式(1-6)と式(1-7)を連立させて解けばよい。つまり、式(1-6)から式(1-7)を引けば、$0=5x-20$となり、$x=4$が求まる。そして、これを式(1-6)に代入すれば、$y=3\times4=12$も求まる。

なお、2つのグラフの交点は1つとは限らない。次は、一方が2次関数の例を使って考えてみよう。

【例7】

$$y=f(x)=x^2 \tag{1-8}$$

$$y=g(x)=x+30 \tag{1-9}$$

図1-8が【例7】の2つの関数のグラフである。式(1-8)と式(1-9)を連立方程式として解くと、その解は $(x, y)=(-5, 25)$ と $(6, 36)$ の2つである。図1-8の点②が前者、点③が後者である。

まとめると、2つのグラフの交点は、それぞれのグラフの元となる関数を同時に満たす組合せを表している。そして、その組合せの値は、2つの関数を連立方程式として解くことで求められる。

最初に経済学の例として紹介した需要曲線と供給曲線に戻ると、この2つのグラフの交点は、需要関数と供給関数の両方を満たす価格と数量の組合せを表している。つまり、この価格のときに需要と供給が一致しているということになる（第4章を参照）。

D　経済学での関数とグラフの例：供給曲線

経済学では、価格に関するグラフには注意を要する。その点について、次のような供給関数を例にして説明する。

【例8】

$$x = s(p) = 2p - 20 \tag{1-10}$$

まず、p が財の価格、x が供給量を表す変数である。そして、図1-9が【例8】の供給関数のグラフである。これを供給曲線という（第3章を参照）。

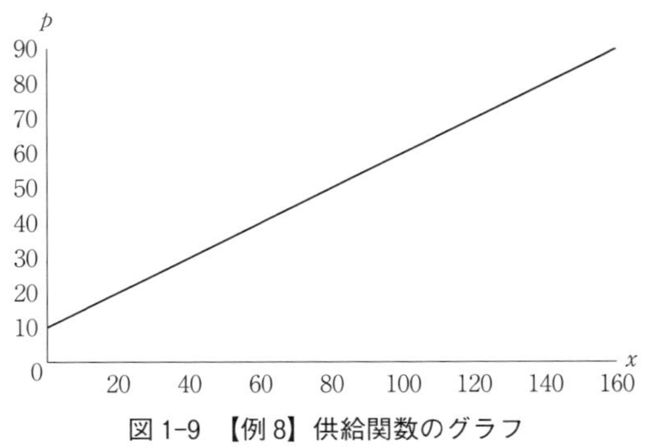

図1-9　【例8】供給関数のグラフ

ここで注意すべきことは、縦軸が価格 p で、横軸が供給量 x ということである。2節Aの説明では、横軸が「入口」の変数を表すことになっていた。式（1-10）から供給関数の「入口」は価格 p であるため、価格 p は横軸で供給量 x が縦軸のはずである。ところが、図1-9では縦軸と横軸がそれとは逆になっているのである。

経済学では、供給曲線だけでなく価格に関するグラフの場合には、通常はこのように「縦軸が価格」としてグラフが描かれる。この点は、高校で学んだグラフの書き方と違うので注意が必要である。

3 多変数関数とグラフ

A 3次元のグラフ

1節Cで学んだ多変数関数のグラフについて説明する。図1-10が【例2】のグラフである。底面の横軸が「入口」の1つである変数xを表すx軸で、奥行きがもう1つの「入口」である変数yを表すy軸である。そして、縦軸が「出口」である変数zを表すz軸である。たとえば、$(x, y) = (4, 2)$の場合には、$z=4+2=6$となり、グラフの点①となる。また、$(x, y) = (8, 0)$の場合には、$z=8+0=8$となり、グラフの点②となる。このように「入口」が2つある多変数関数のグラフは3次元の図となる。

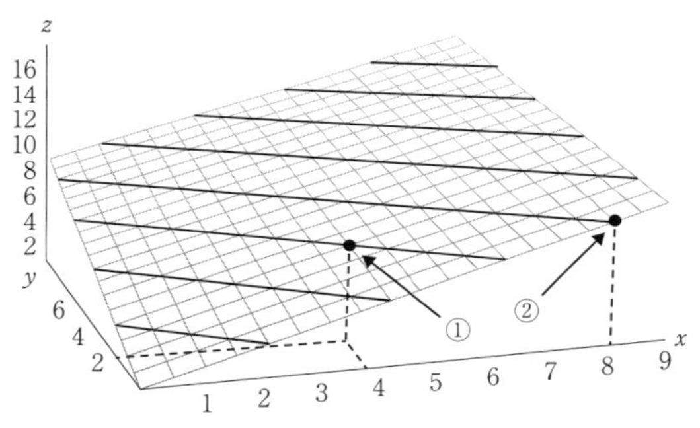

図1-10 【例2】多変数関数のグラフ

B 経済学での多変数関数のグラフの例①：効用関数と無差別曲線

ここでは、1節Dで学んだ【例3】効用関数のグラフについて説明する。図1-11が【例3】の効用関数のグラフである。たとえば、$(x, y) = (5, 2)$の場合には、$U=5\times2=10$となり、グラフの点①となる。また、$(x, y) = (5, 4)$の場合には、$U=5\times4=20$となり、グラフの点②となる。

点③は、$(x, y) = (8, 2.5)$であるから、$U=8\times2.5=20$となり点②と縦軸の値（高さ）、つまり効用が同じ値となる。このように効用の値が同じ20となる財xとyの消費量の組合せはほかにも多くあり、これらを結ぶと地図の等高線のような曲線が描ける。これを無差別曲線という（無差別曲線の経

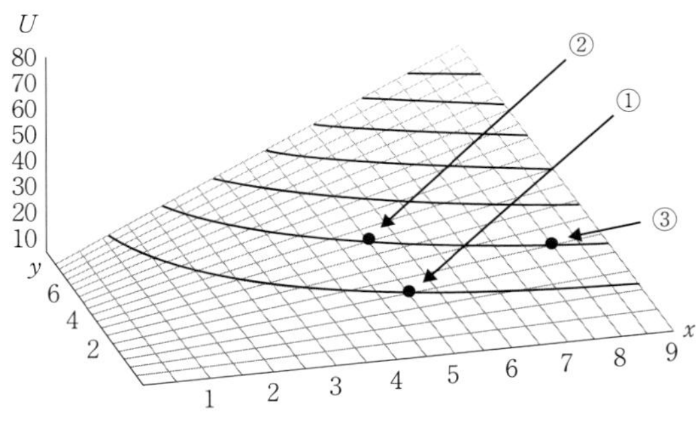

図 1-11　【例 3】効用関数のグラフ

済学的な詳しい説明は**第 2 章**で行う)。

この無差別曲線を xy 平面に描いたグラフが**図 1-12** である。効用 10 となる消費量の組合せの点を結んだ曲線が**図 1-12** の無差別曲線 A で、同じく効用 20 が無差別曲線 B である。このように無差別曲線は効用の値ごとに描くことができ、xy 平面では木の年輪のようにみえる。

ここで注意すべきことは、点①だけでなく、無差別曲線 A の上のすべての点が表す消費量の組合せにおける効用が 10 であるということである。

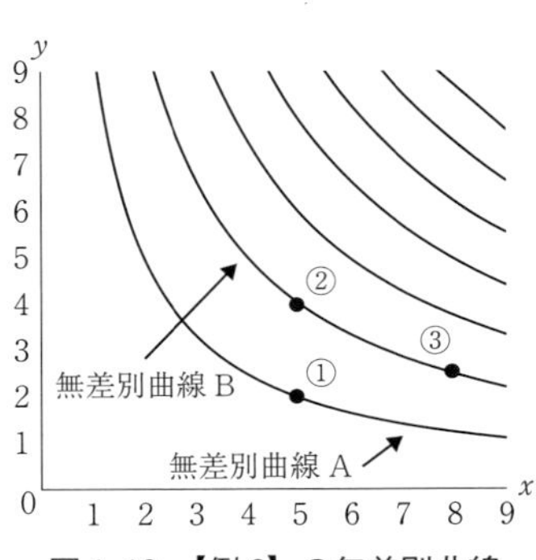

図 1-12　【例 3】の無差別曲線

C　経済学での多変数関数のグラフの例②：生産関数と等量曲線

次にもう一つ、経済学で用いられる多変数関数の例として、生産関数とそのグラフについて説明する。生産関数は、労働 L や資本 K といった投入物からどれだけの財 X が生産されるかを表す関数である（生産関数の経済学的な詳しい説明は**第 3 章**で行う）。

【例 9】　$X=f(L, K)=\sqrt{L\times K}\quad[L\geqq 0,\ K\geqq 0]$　(1-11)

図 1-13 が【例 9】の生産関数のグラフである。たとえば、$(L, K)=(4, 1)$ の場合には、$X=\sqrt{4\times 1}=2$ となり、グラフの点①となる。また、$(L, K)=(4, 4)$ の場合には、$X=\sqrt{4\times 4}=4$ となり、グラフの点②となる。

点③は、$(L, K)=(8, 2)$ であるから、$X=\sqrt{8\times 2}=4$ となり点②と縦軸の値（高さ）、つまり財の生産量が同じとなる。このように生産量が同じ 4 となる労働 L と資本 K の組合せはほかにも多くあり、これらを結んだ曲線を等量曲線という。

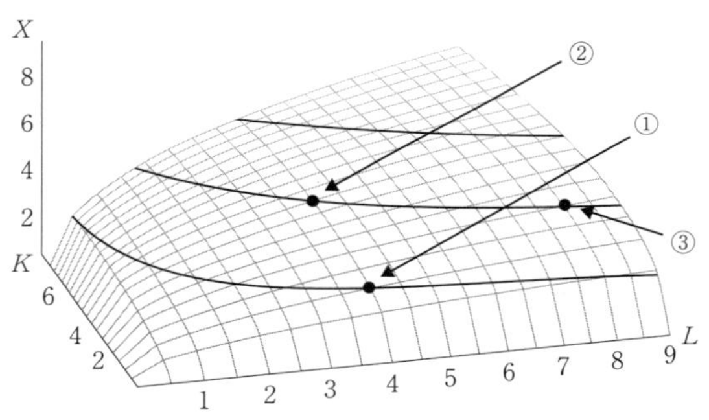

図 1-13　【例 9】生産関数のグラフ

この等量曲線を、横軸を L、縦軸を K とした LK 平面に描いたグラフが図 1-14 である。等量曲線も生産量ごとに描くことができる。

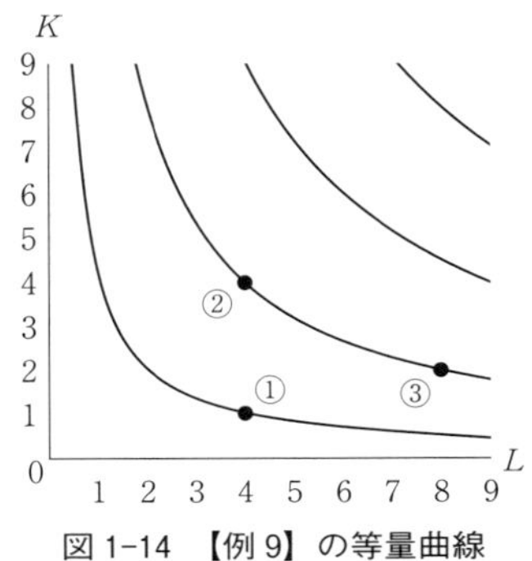

図 1-14 【例 9】の等量曲線

4 関数のグラフの傾き

A 1次関数のグラフの傾き 高校の復習

2節Aで説明したように、1次関数のグラフは直線となる。この直線の傾きについて、次の例を使って説明する。

【例 10】
$$y=f(x)=3x \tag{1-12}$$

ここで、x は歩いた時間、y は歩行距離とする。関数 f は歩いた時間から歩行距離を算出する関数ということになる。たとえば、1時間歩くと3 km だけ進み、2時間歩くと6 km だけ進むことになる。これをグラフにしたものが図 1-15 である。縦軸が歩行距離を、横軸が歩いた時間を表している。

グラフの傾きは、横軸と縦軸の比である。よって、図 1-15 のグラフの傾きは $\frac{y}{x}=\frac{3}{1}=3$ である。この3の意味を考えてみる。このグラフは歩く時間と歩行距離の関係を表しており、「歩行距離 y ÷ 歩く時間 x = 歩く速さ」ということになる。つまり、グラフの傾きが3というのは、歩くスピードが時速3 km ということを意味している。

グラフの傾きは、図に描かなくても式からわかる。変数 x の前の数字(これを x の係数という)が傾きを表す。たとえば、式(1-12)の係数は3で、図 1-15 のグラフの傾きが3であることを示している。

それでは、別の例と比較して、傾きについてもう少しみてみよう。

【例 11】 $$y = g(x) = 2x + 1 \tag{1-13}$$

関数 g の変数 x の係数が 2 であるから、このグラフの傾きは 2 ということがわかる。図 1-16 が【例 11】のグラフである。【例 10】と比較すると、傾き 3 である【例 10】のグラフの方が傾き 2 である【例 11】のグラフよりも傾きが急、つまり角度が大きいことがわかる。このように傾きの値が大きいほど、グラフの傾きは急になる。

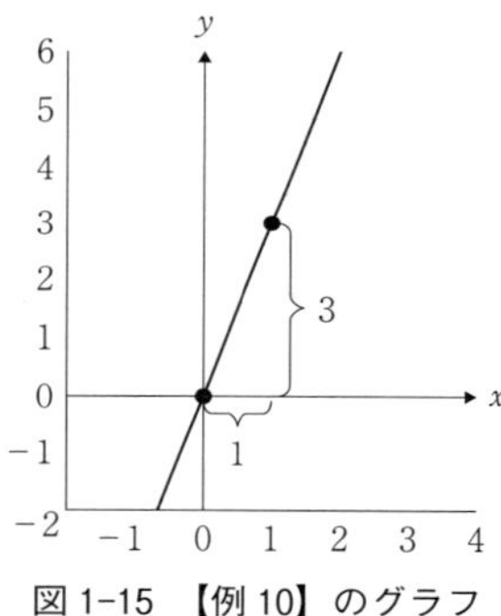

図 1-15 【例 10】のグラフ

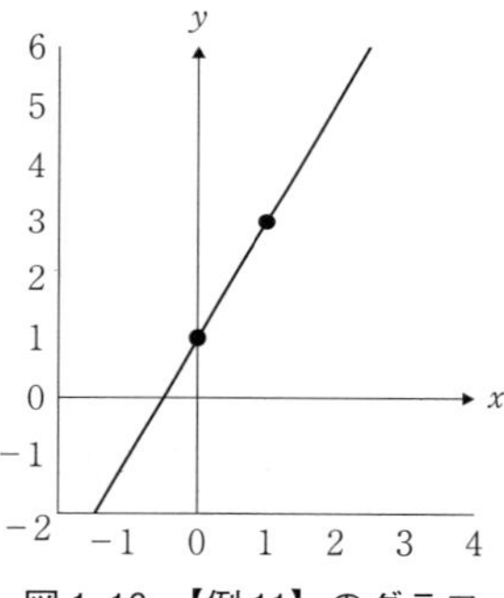

図 1-16 【例 11】のグラフ

【例 11】のグラフは原点ではなく、$(x, y) = (0, 1)$ を通っている。実は、このことも式から読み取ることができる。定数項の値が縦軸のどこをグラフが通るか（これを切片という）を表す。たとえば、式 (1-13) の定数項は 1 で、縦軸の 1 をグラフが通ることを示している。このように 1 次関数は、その式から傾きと切片がわかり、簡単にグラフを描くことができる。

B 2次・3次関数のグラフの傾き 高校の復習

2 節 B で説明したように、2 次関数や 3 次関数のグラフは曲線となるため、その傾きは 1 次関数の場合のようには求められない。そこで、接線の登場となる。まずは、2 節 B の【例 4】と【例 5】を例にして、2 次関数と 3 次関数の接戦についてみていこう。

図 1-17 が【例 4】の 2 次関数のグラフの点 $(x, y) = (2, 4)$ における接線である。そして、図 1-18 が【例 5】の 3 次関数のグラフの点 $(x, y) = (2, 8)$ に

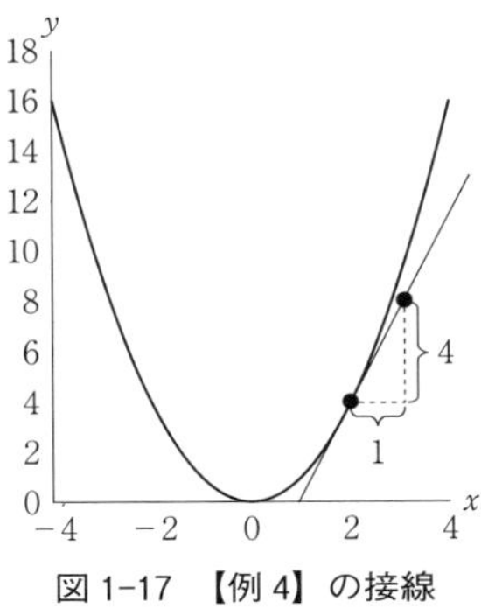

図 1-17　【例 4】の接線

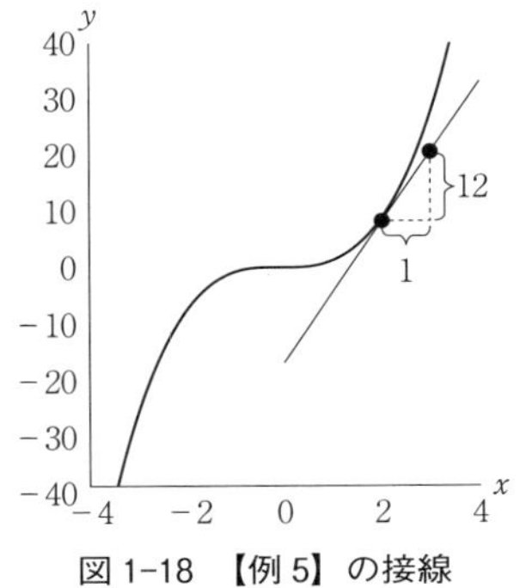

図 1-18　【例 5】の接線

おける接線である。

2次関数や3次関数のグラフの傾きは、この接線の傾きのこととなる。たとえば、図 1-17 の接線の傾きは4であるから、【例 4】の2次関数のグラフの点 $(x, y) = (2, 4)$ における傾きは4となる。2次関数の接線は接する点が変わると傾きが変わるため、そのグラフの傾きは曲線上の位置によって異なることになる。図 1-17 の場合、点 $(x, y) = (1, 1)$ における傾きは2、点 $(x, y) = (3, 9)$ における傾きは6となる。

なお、接線の傾きは式（1-4）を x で微分することで求められる。ただし、この本では微分や（微分の一種で、多変数関数に対して行う）偏微分は扱わないため、これ以上の説明は章末の推薦図書を参考にして欲しい。

C　経済学での2次関数のグラフの傾きの例：費用関数と限界費用

ここでは、経済学で用いられる2次関数のグラフの傾きの例として、費用関数とその傾きについて説明する。費用関数は、財を Y だけ生産するためにかかる総費用 C を表す関数である（費用関数の経済学的な詳しい説明は第3章で行う）。

【例 12】　$$C = c(Y) = Y^2 \quad [Y \geqq 0] \tag{1-14}$$

図 1-19 が【例 12】の費用関数のグラフである。たとえば、生産量 Y が1の場合には、グラフの点①となり、総費用 C は1である。また、生産量 Y が2の場合には、グラフの点②となり、総費用 C は4である。

次にグラフの傾きの経済学的な意味について説明する。費用関数のグラ

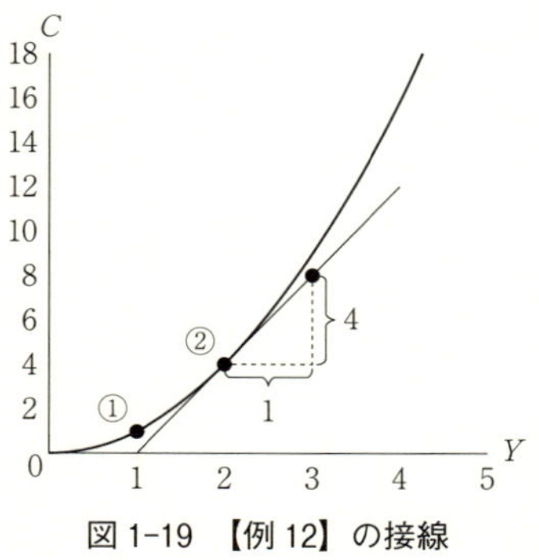

図 1-19 【例 12】の接線

フの傾きは、限界費用を表している（限界費用の経済学的な詳しい説明は第3章で行う）。限界費用とは、簡単に説明すると、生産量をほんの少しだけ増加させたときに増える総費用のことである。ここでの「ほんの少し」とは厳密には1より小さい変化で、そのときに増える総費用の値は図 1-19 のように接線の傾きとなる。たとえば、生産量2での限界費用は4である。なお、4節Bで説明したように、2次関数の接線は接する点が変わると傾きが変わるため、限界費用も生産量ごとに異なってくる。

最後に、多くの初学者が限界費用などで混乱する点について述べておこう。経済学では便宜上、「ほんの少し」のことを「1単位（または1個）」といったりもする。しかし、式（1-14）からわかるように、生産量が3のときの総費用は9となるため、生産量が2から1単位だけ増加した場合に増える総費用は5となり、上記の限界費用4とは一致しない。これはイメージしやすい1個という言葉で説明することによる理解のしやすさを優先したためで、数学的に厳密にいうと誤りである。しかし、その誤差は基本的には僅かであるといえるから、初学者はこの食い違いについて普段は無視しても良いだろう。つまり、限界費用のことを「費用関数の接線の傾き」とグラフ上でのイメージをするとともに、「生産量を1単位だけ増加させたときに増える総費用のこと」と理解しておいて構わない。

推薦図書

- **尾山大輔・安田洋祐『経済学で出る数学—高校数学からきちんと攻める（改訂版）』日本評論社，2013.**

  大学で学ぶ経済学や統計学に必要な数学を幅広く学ぶことができる。さらに、1次関数の説明で需要関数を例にして説明するなど、各項目が経済学の例に即して説明されているため、実践的でわかりやすい。そして、ベクトルや行列、確率、積分なども含まれており、入門書としては非常に広い範囲をカバーしている。

- **竹之内脩『経済・経営系 数学概説（第2版）』新世社，2009.**

  基礎的な経済学で一番必要な関数や微分についてわかりやすく、かつきちんと説明されている。数学がそれほど苦手ではない経済学の初学者が、数学を使った経済学を学ぶための数学的準備として適している。なお、行列や線形計画法は含まれているが、確率が含まれていない。

- **米田優峻『高校数学の基礎が150分でわかる本』ダイヤモンド社，2023.**

  数学が苦手な人や高校数学をほとんど忘れてしまった人が、関数や確率、さらに微分について学び直すことができる。本章の説明ではほとんど理解できなかったという人にはよいが、ある程度理解できた人には少し簡単かもしれない。

第2章 消費者行動

本章のポイント

1. 効用とは、財やサービスから消費者が得られる満足度の水準のことである。その満足度は、消費者の選好で変わってくる。
2. 2つの財の消費からなる効用関数について、同じ水準の満足を得ることができる財の組み合わせを示したものを無差別曲線と呼ぶ。
3. 経済学では、予算のすべてを使い切って消費者が選ぶことができる財の組み合わせのことを予算制約と呼ぶ。
4. 予算制約線と無差別曲線が接する財の組み合わせで消費者の効用は最大化される。

1 消費者行動とは

消費者とは、財・サービスを購入する経済主体のことである。この章では、**第4章**で説明する競争市場での消費者の行動について説明する。

競争市場の消費者は、市場価格に影響を及ぼすほどの力はない。そのため、市場で成立する価格で財・サービスの取引を行う、価格受容者（プライス・テイカー）として、行動しなければならない。

この消費者が消費から得る満足度の水準のことを「効用」と呼び、これを最大化するために消費者は消費活動を行っている。次節以降では、効用関数、無差別曲線、予算について説明を行う。

2 効用関数と無差別曲線

A 効用と選好

効用とは、財やサービスから消費者が得られる満足度の水準のことである。その満足度は、消費者が何を好むか次第で変わってくる。もし、ブラックコーヒーが好きな消費者なら、それを飲むことから満足を得ることができるが、ブラックコーヒーが苦手な消費者は満足を得ることはできない。経済学ではこのような好みのことを選好と呼ぶ。

選好についてもう少し詳しくみていくことにする。もし、あなたが誕生祝いとしてもらったお小遣いを持って、ショッピングモールに行き、そこでスニーカーを購入したとする。このことから、あなたにとって（少なくともその時点で）スニーカーが最も満足度の水準の高い財であるということがわかる。そのことは、ショッピングモールのほかの店にある同じ値段のセーターやジャケットよりもスニーカーが好みだったということでもある。

多くの場合、自分自身の好みについてブラックコーヒーのようにはっきりとわかることは少ない。そのため、経済学では買うことができるものの中から、「買うと選択した」ものが、最も好きなものであるとして、そのとき最も満足度の水準が高いと判断する。このような好みの定義のことを顕示選好と呼ぶ。

B　効用関数

ここで、効用についてもう少し考えてみることとする。効用関数とは、財の購入量からどれだけの効用（満足度）が得られるかを表している。

$$u = U(x) \tag{2-1}$$

ここで、xは財の購入量を示している。

表 2-1　効用とスニーカーの購入量

効用(u)	スニーカー(x)	限界効用
0	0	
100	1	100
180	2	80
255	3	75
305	4	50
350	5	45
390	6	40
420	7	30
435	8	15
440	9	5

表 2-1 はスニーカーの購入量と効用との関係を示している。この表からみてわかる通り、スニーカーの購入量が増えるほど効用は増加している。また、1足のときに100の満足度を感じていたが、2足に増えると満足度は180に増えている。このとき、2足目のスニーカーを購入したことによる効用の増加分の80のことを、2足目のスニーカーによる限界効用と呼ぶ。このように、限界効用とは1単位（**表 2-1** ではスニーカー1足）を追加することから得られる効用の増加分のことである。

また、限界効用は例のようにスニーカーの購入量が少ないうちには、スニーカー1足の購入により大きな満足を感じるため大きな値を取るが、購入量が増えるにつれて次第に減少していく。このことを限界効用逓減の法

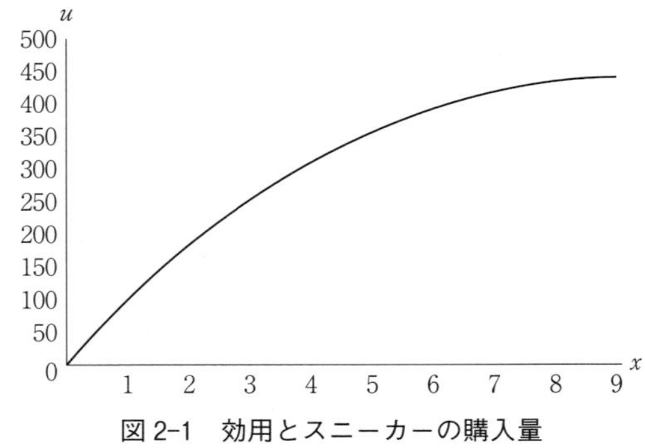

図 2-1　効用とスニーカーの購入量

則と呼ぶ。それをグラフにしたものが図 2-1 である。

次に2つの財の消費からなる効用関数について考える。

$$u = U(x, y) \tag{2-2}$$

ここで、x は第1財の購入量、y は第2財の購入量を示している。

表 2-2 はスニーカーの購入量、セーターの購入量それぞれの効用との関係を示している。この例の場合、スニーカー1足とセーター1枚から得られる効用の合計は 100＋180＝280 となる。

表 2-2　効用とスニーカー・セーターの購入量

量	スニーカーからの効用	スニーカーからの限界効用	セーターからの効用	セーターからの限界効用
0	0		0	
1	100	100	180	180
2	180	80	300	120
3	255	75	375	75
4	305	50	440	65
5	350	45	490	50
6	390	40	530	40
7	420	30	560	30
8	435	15	575	15
9	440	5	585	10

C　無差別曲線

2つの財の消費からなる効用関数について、同じ水準の満足を得ることができる財の組み合わせを示したものを無差別曲線と呼ぶ。無差別とは、効用が同じ水準での財の組み合わせは、消費者にとってどちらでも良いという意味である。ここで表2-2の例では、「スニーカー2足とセーター4枚」と「スニーカー9足とセーター1枚」の効用水準は620で同じなので、無差別である。

一般的な無差別曲線を図示すると、図2-2のようになる。この無差別曲線のグラフには3つの特徴がある。

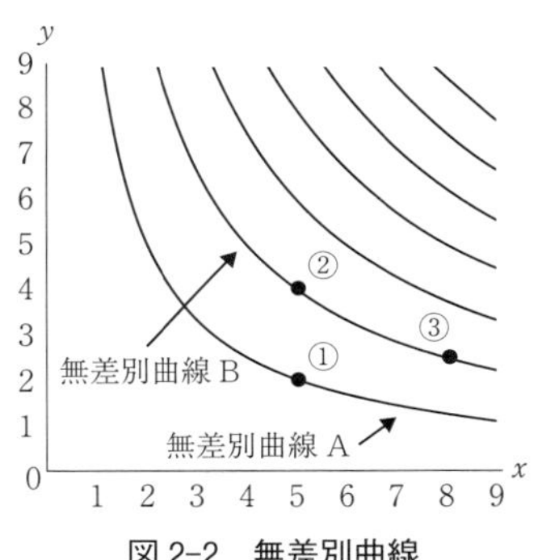

図2-2　無差別曲線

1つ目は、「右上に位置する無差別曲線ほど効用水準が高い」ということである。図2-2の無差別曲線A上の点①と無差別曲線B上の点②を比べると、財xの購入量は同じであるが、財yの購入量は点②の方が多い。そのため、その分だけ無差別曲線Bの効用水準が高い。

2つ目は、「無差別曲線は右下がりになっている」ということである。図2-2の無差別曲線Bの点②から点③の変化をみると、財xの購入量が増加した一方で、同じ効用水準を満たすために財yの購入量は減少している。

3つ目は、「異なる効用水準の無差別曲線は交わることはない」ということである。もし交わった場合、その交点での財の購入量の組み合わせは2つの異なる効用水準になっていることになり矛盾する。

4つ目は、「無差別曲線は原点に凸のグラフになっている」ということである。これは、財xの購入量が財yの購入量と比べて大きくなっていくと、

財 x の限界効用は逓減していくため、同じだけの効用を得るための財 y の購入量は少なくなるという選好を示している。このときの、財 x の購入量と財 y の購入量の変化の割合を限界代替率と呼び、限界代替率は無差別曲線の各点における傾きとなっている。

3 最適消費の決定

A 予算制約

効用関数と無差別曲線では、財の購入量が増えれば増えるほど、効用水準が上昇するということをみてきた。しかし、消費者は自分の欲しい分だけ自由に財を購入することはできない。そこで、予算について考えていく。経済学では、予算のすべてを使い切って消費者が選ぶことができる財の組み合わせのことを予算制約と呼ぶ。

予算制約を考えるためには、財の価格が重要となる。そこで、表 2-2 のスニーカーとセーターの価格をそれぞれ3,000円と5,000円とする。ここで、誕生祝いとして30,000円もらったとする。この30,000円というお小遣いをスニーカーとセーターの購入に使うとする。そのときの予算制約を示したものが図 2-3 である。

この図の縦軸はスニーカーの足数、横軸はセーターの枚数である。この

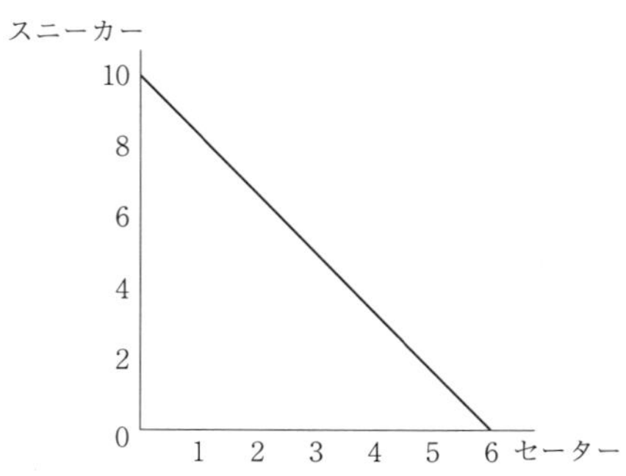

図 2-3 スニーカーとセーターの予算制約線

とき、より多くのスニーカーを購入すると購入できるセーターの枚数は減少するため、予算制約線は右下がりのグラフで示される。また、この右下がりのグラフの傾きの絶対値はセーターの相対価格と一致する。

セーターの相対価格は、

$$\text{セーターの相対価格} = \frac{\text{セーターの価格}}{\text{スニーカーの価格}} \qquad (2\text{-}3)$$

で求めることができる。このときセーターの価格（5,000 円）はスニーカーの価格（3,000 円）の$\frac{5}{3}$倍なので、「セーターの相対価格＝$\frac{5}{3}$」と求めることができる。

B　最適消費量の決定

効用関数と予算制約が揃ったので、効用を最大にする最適消費量について考える。**表 2-3** はスニーカーとセーターを購入することによって得られる効用、限界効用と 100 円当たりの限界効用を示している。ここで、30,000 円の予算制約があるときの最適消費量について考える。

まず、はじめにスニーカーとセーターのどちらを買うかを考える。スニ

表 2-3　スニーカーとセーターの最適消費量の決定

	スニーカー（3,000 円）			セーター（5,000 円）		
量	効用	限界効用	100 円当たりの限界効用	効用	限界効用	100 円当たりの限界効用
0	0			0		
1	100	100	3.333	180	180	3.600
2	180	80	2.667	300	120	2.400
3	255	75	2.500	375	75	1.500
4	305	50	1.667	440	65	1.300
5	350	45	1.500	490	50	1.000
6	390	40	1.333	530	40	0.800
7	420	30	1.000	560	30	0.600
8	435	15	0.500	575	15	0.300
9	440	5	0.167	585	10	0.200

ーカー1足目の100円当たりの限界効用3.333と、セーター1枚目の100円当たりの限界効用3.600を比べると、限られた予算のうちはじめは限界効用の高いセーターを購入した方が良い。

次に、1足目のスニーカーと2枚目のセーターのどちらを買うかについても同様に考えると、スニーカー1足目の100円当たりの限界効用3.333と、セーター2枚目の100円当たりの限界効用2.400を比べると、1足目のスニーカーを買った方が良い。

これを繰り返していくと、スニーカー5足とセーター3枚を購入して30,000円を使い切ることで、725の効用水準を得ることができる。これ以上の効用水準を達成することはできないので、これが最適な消費量である。

このことから、効用が最大化されているときには、それぞれの財の100円当たりの限界便益が等しくなっていることがわかる。それを一般化すると、以下の式が成り立つ。

$$\frac{\text{スニーカーの限界効用}}{\text{スニーカーの価格}}=\frac{\text{セーターの限界効用}}{\text{セーターの価格}} \tag{2-4}$$

これは、同じ支出額から得られる効用を同じにするということを意味する。

ここで、式(2-4)を

$$\frac{\text{セーターの価格}}{\text{スニーカーの価格}}=\frac{\text{セーターの限界効用}}{\text{スニーカーの限界効用}} \tag{2-5}$$

と変形すると、左辺は式(2-3)と等しくなり、これは予算制約線の傾きである。そして右辺は効用水準が一定のとき限界代替率と等しくなる。

つまり、このときの予算制約線と無差別曲線を示すと図2-4のようになる。

ここで、予算制約線と接する無差別曲線U_{MAX}が725の効用水準であり、この接点Aが、スニーカー5足とセーター3枚の組み合わせとなっている。

さらに図2-4についてより詳しくみてみる。まず、U_{A}上の点Bは予算内でスニーカーの購入量を増やすことが可能なため、無差別曲線U_{A}の効用水準は消費者の効用を最大にしていない。次に、無差別曲線U_{B}はその無差別曲線上のスニーカーとセーターの組み合わせを予算内で達成することはできない。

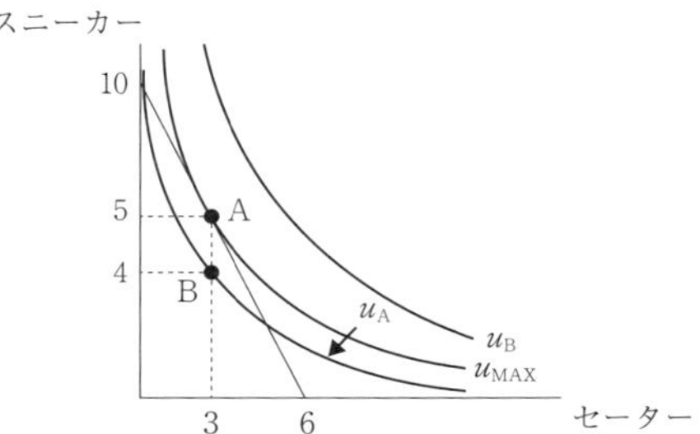

図 2-4　予算制約線と無差別曲線による最適消費量の決定

C　価格の変化と所得の変化

ここで、価格や所得が変動したときどのような変化が起こるだろうか。

まず、スニーカーの価格が 5,000 円に上昇したときについて考える。このとき、予算（30,000 円）をすべて使ってもスニーカーは 6 足しか買えないので、縦軸の切片は 6 となる。このときの予算制約線と無差別曲線を示すと図 2-5 のようになる。

このとき、予算制約線と接する無差別曲線 u は 630 の効用水準であり、このときの接点が、スニーカー 3 足とセーター 3 枚の組み合わせとなっている。

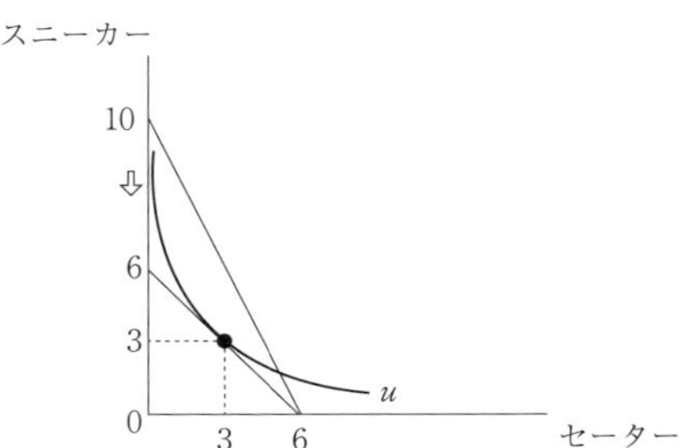

図 2-5　価格が上昇したときの予算制約線と無差別曲線による最適消費量の決定

次に、スニーカーの価格が 3,000 円、セーターの価格が 5,000 円で、予算のみが 46,000 円に上昇したときについて考える。このとき、予算制約線は

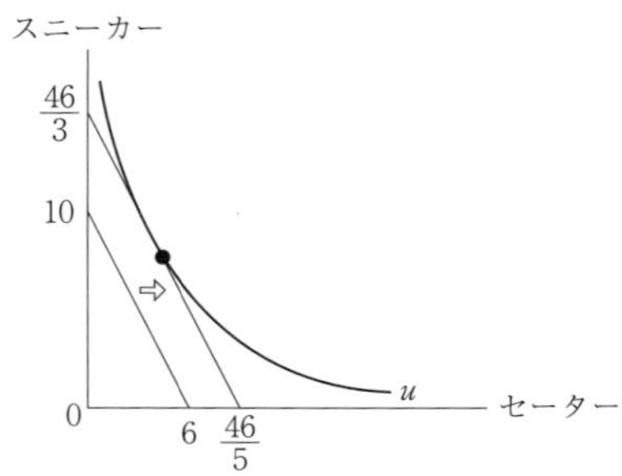

図 2-6　所得が上昇したときの予算制約線と
無差別曲線による最適消費量の決定

右方向にシフトし、縦軸の切片は$\frac{46}{3}$、横軸の切片は$\frac{46}{5}$となる。このときの予算制約線と無差別曲線を示すと図 2-6 のようになる。

このとき、予算制約線と接する無差別曲線 u は 910 の効用水準であり、このときの接点が、スニーカー7足とセーター5枚の組み合わせとなっている。

4 需要曲線の導出

A 需要曲線

需要曲線とは、価格の変化が消費量に与える影響を示したものである。前節の例では、予算 30,000 円でスニーカーの価格が 3,000 円のとき5足、5,000 円のとき3足購入する。このように財・サービスの価格が上昇すると個人の需要曲線の傾きは右下がりになる。

個人の需要曲線から、市場の需要曲線を求めることができる。ここで、より一般的に消費者が1人から2人に増えたときの需要曲線はどのようになるかから考えてみたい。図 2-7 は、縦軸にある財の価格 p を、横軸に需要量 x をとり、消費者Aと消費者Bそれぞれの需要曲線と、2人合わせた需要曲線を描いたものである。この財の価格が p_1 であるときの消費者Aと

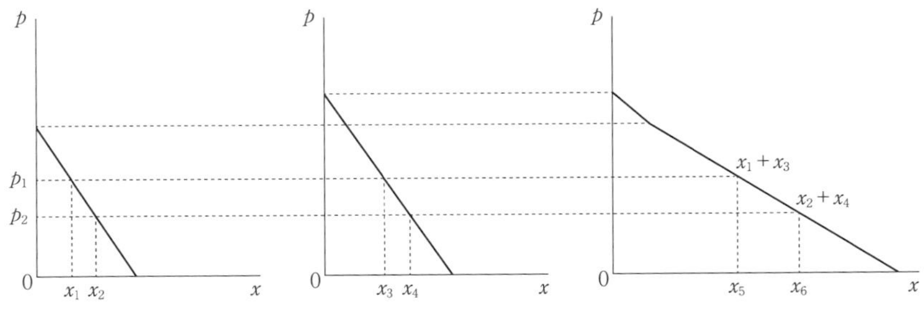

図 2-7　個人の需要曲線と市場需要曲線

Bの需要量は、それぞれx_1とx_3であり、このときの２人の需要量は$x_1+x_3=x_5$と表すことができる。同じように、価格がp_2であるときの消費者ＡとBの需要量は、それぞれx_2とx_4であり、このときの２人の需要量は$x_2+x_4=x_6$と表すことができる。すべての価格について、同様の作業を行えば2人の需要曲線を導き出すことができる。このように需要曲線は個々人の需要曲線を水平方向に足し合わせることによって、複数人についての需要曲線を導き出すことができる。このことから、多数の消費者からなる競争市場では、多数の消費者の需要曲線を足し合わせることによって、市場需要曲線を導き出すことができる。

B　需要曲線上の動きとシフト

需要曲線は、縦軸に価格、横軸に需要量を描いたものである。ここで、これまでみてきたように、財の価格が変化して需要量が変化することを「需要曲線上の動き」という。

一方で、価格以外の変化による需要量の変化を「需要曲線のシフト」という。その要因としては、①消費者の選好が変化した、②消費者の所得が変化した、③関連する財の価格や環境が変化した、④将来に対する消費者の予想が変化した、ことが考えられる。また、市場の需要曲線では、⑤消費者の数が変化したなどの場合が考えられる。

それぞれのシフトの向きについてみてみると、①については、地球温暖化問題への消費者の関心が高まることで、化石燃料の使用が控えられるようになると、石油製品の需要曲線は左方向にシフトする。一方で、ある食品に健康効果が認められると、その食品の需要曲線は右方向へシフトする。②については、所得が増加した場合には、その財が正常財のときには右方向にシフトする。一方、その財が劣等財のときには左方向にシフトする。③について、ゲーム機の価格が下がることで、ゲームソフトの需要曲線は右方向にシフトする。このような財の関係を補完財であるという。逆に、バターの価格が上がることで、マーガリンの需要曲線は右方向にシフトする。このような財の関係を代替財であるという。④について、景気の悪化で次のボーナスの支給額が減少することが予想される場合、まだ減少していなくても、心配から需要曲線は左方向へシフトする。⑤について、消費者の数が増加するときには、需要曲線は右方向へシフトし、消費者の数が減少するときには需要曲線は左方向へシフトする。

推薦図書

- **アセモグル，D.・レイブソン，D.・リスト，J. 著／岩本康志監訳・岩本千晴訳『アセモグル／レイブソン／リスト　ミクロ経済学』東洋経済新報社，2020.**

  アメリカのスター教授たちによる世界的なベストセラーテキストである。豊富な事例とデータに基づく実証的な解説を加えることで、伝統的なテキストとは異なる視点を学習者に与えている。また、ほかのテキストにはみられない実験経済学や行動経済学による知見も詳しく説明されている。

- **柴田舞『初めて学ぶミクロ経済学』新世社，2023.**

  本書と同じく初学者向けの入門テキストである。問題演習が多く、基本的な知識の確認に最適。経済学の理解には、問題演習を行い理解の不足を補っていくという学習が重要になる。

第3章 生産者行動

本章のポイント

1. 生産要素には、変動生産要素と固定生産要素がある。
2. 費用には、変動生産要素にかかる変動費用と、固定生産要素にかかる固定費用があり、それを合わせたものを総費用と呼ぶ。
3. 利潤最大化を行う生産者は、限界費用(MC)＝市場価格（p）となる水準で生産を行う。
4. 供給曲線は、平均変動費用曲線よりも上にある限界費用曲線の部分となる。

1 生産者行動とは

生産者とは、財・サービスを生産する経済主体のことである。この章では、**第4章**で説明する競争市場での生産者行動について説明する。

競争市場の生産者は、市場価格に影響を及ぼすほどの力はない。そのため、市場で成立する価格で財・サービスの取引を行う、価格受容者（プライス・テイカー）として、行動しなければならない。

この生産者が得る利益のことを「利潤」と呼び、これを最大化するために生産者は生産活動を行っている。次節以降では、この利潤を求めるために必要な生産関数、費用関数、利潤関数について説明を行う。

2 生産関数と費用関数

A 生産関数とは

生産関数とは、生産に必要な要素（投入物）からどれだけの財・サービス（産出物）が生産されるかを表している。

$$X = f(L, K) \qquad (3\text{-}1)$$

ここで、L は労働を、K は物的資本を表している。物的資本とは、機械や建物など、生産に使用される財のことである。経済学では、労働者を雇用したり、解雇したりすることは比較的短期間でできるため、労働は変動生産要素と呼ばれる。一方、物的資本の多くはその変更に比較的長期間かかるため、固定生産要素と呼ばれる。

表3-1は、あるケーキ工場の1日当たりの生産量と労働の関係を示している。この表からみてわかる通り、労働者の人数が増えるほど生産量は増加している。また、1人で生産していたときは100個のケーキを生産することができていたが、2人に増えると210個のケーキを生産することができている。このとき、2人目の労働者を追加したことによる生産量の増加分である110個のことを、2人目の労働者の限界生産力と呼ぶ。このよう

に、限界生産力とは生産要素１単位（表 3-1 では労働者１人）を追加することから得られる生産量の増加分のことである。

表 3-1　ケーキの生産量と労働者数

１日当たり生産量	労働者数	限界生産力
0	0	
100	1	100
210	2	110
325	3	115
430	4	105
520	5	90
600	6	80
670	7	70
730	8	60
785	9	55
830	10	45
850	11	20
850	12	0

また、限界生産力は例のように労働者が少ないうちには、分業をはじめとする特化によって労働者が増加すると上昇する。しかし、労働者がさらに増加すると、使える設備が限られていることなどから、限界生産力は次第に減少していく。このことを収穫逓減の法則と呼ぶ。それをグラフにしたものが図 3-1 である。

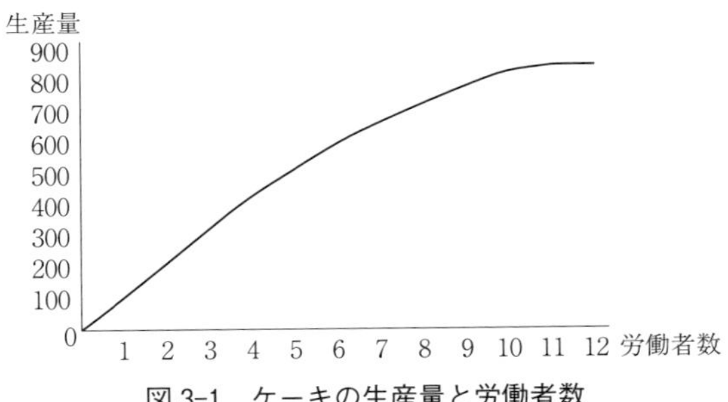

図 3-1　ケーキの生産量と労働者数

B 費用関数とは

費用関数とは、生産に必要な費用について表している。その費用は、変動生産要素にかかる変動費用（VC）と、固定生産要素にかかる固定費用（FC）からなり、それを合わせたものを総費用（TC）と呼ぶ。

総費用（TC）＝変動費用（VC）＋固定費用（FC）　(3-2)

ここで、労働者の1日当たりの賃金を2万円、ケーキ工場の1日の運営にかかる費用を5万円としたときの生産費用についてまとめたものが表3-2である。

表3-2　ケーキの生産費用（円、10円未満は四捨五入）

1日当たり生産量	労働者数	限界生産力	総費用（TC）	変動費用（VC）	固定費用（FC）	平均総費用（ATC）	平均変動費用（AVC）	平均固定費用（AFC）	限界費用（MC）
0	0		50,000	0	50,000				
100	1	100	70,000	20,000	50,000	700	200	500	200
210	2	110	90,000	40,000	50,000	430	190	240	180
325	3	115	110,000	60,000	50,000	340	180	150	170
430	4	105	130,000	80,000	50,000	300	190	120	190
520	5	90	150,000	100,000	50,000	290	190	100	220
600	6	80	170,000	120,000	50,000	280	200	80	250
670	7	70	190,000	140,000	50,000	280	210	70	290
730	8	60	210,000	160,000	50,000	290	220	70	330
785	9	55	230,000	180,000	50,000	290	230	60	360
830	10	45	250,000	200,000	50,000	300	240	60	440
850	11	20	270,000	220,000	50,000	320	260	60	1,000
850	12	0	290,000	240,000	50,000	340	280	60	

ここで、平均総費用（ATC）とは総費用（TC）を生産量（q）で割ったものであり、単に平均費用とも呼ばれる。平均総費用（ATC）は式（3-2）から、平均変動費用（AVC；平均可変費用ともいう）と平均固定費用（AFC）に分

けることができる。

$$\overset{(\text{ATC})}{\frac{\text{総費用(TC)}}{\text{生産量(q)}}}=\overset{(\text{AVC})}{\frac{\text{変動費用(VC)}}{\text{生産量(q)}}}+\overset{(\text{AFC})}{\frac{\text{固定費用(FC)}}{\text{生産量(q)}}} \tag{3-3}$$

最後に、限界費用（MC）とは生産量を1単位（ケーキ1個）増加させることによる総費用の増加分である。

$$\text{限界費用（MC）}=\frac{\text{総費用の増加分}}{\text{生産量の増加分}} \tag{3-4}$$

図3-2は、表3-2に基づいてこの生産者の限界費用曲線（MC）、平均変動費用曲線（AVC）、平均総費用曲線（ATC）を示したものである。なお、縦軸は価格（円）、横軸は生産量である。ここで、限界費用曲線（MC）は収穫逓減の法則から、右上がりになっている。

また、限界費用曲線（MC）は平均変動費用曲線（AVC）、平均総費用曲線（ATC）それぞれの最小値で交わる。これは、限界費用曲線（MC）が平均変動費用曲線（AVC）と平均総費用曲線（ATC）の下にあるとき、それぞれ減少する。一方で、限界費用曲線（MC）が平均変動費用曲線（AVC）と平均総費用曲線（ATC）の上にあるとき、それぞれ増加することを示している。

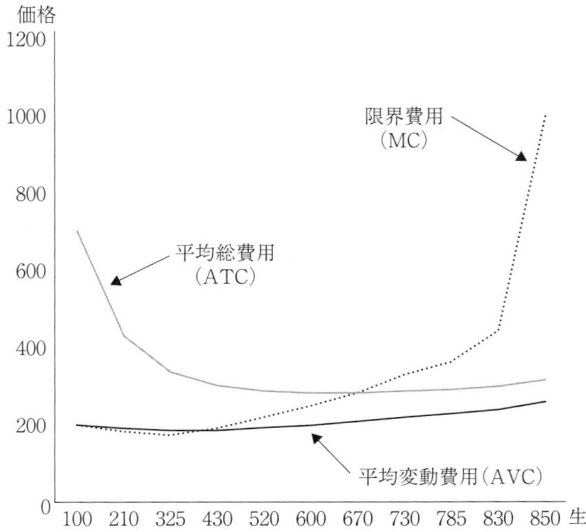

図3-2　ケーキの限界費用曲線、平均変動費用曲線、平均総費用曲線

3 利潤最大化と最適生産の決定

A 利潤とは

生産者の利潤とは、総収入（TR）から総費用（TC）を引くことで求めることができる。

$$利潤＝総収入（TR）－総費用（TC） \tag{3-5}$$

総収入（TR）は価格（p）と販売量（q）を掛けることによって求められる。

$$総収入（TR）＝価格（p）×販売量（q） \tag{3-6}$$

生産者はこの利潤を最大化するために生産を行う。ここで、競争市場において価格（p）は市場価格であり、生産者は価格受容者（プライス・テイカー）として、売りたい量を売ることができる。そのため、生産者が利潤を最大化するためには、どれだけの量を生産すればよいかを考えればよい。

B 最適生産量の決定

最適生産量を決定することを考えるためには、限界費用（MC）を用いる。限界費用（MC）とは、本章の例ではもう1個ケーキを焼くことにかかる費用である。では、どのようなときにもう1個ケーキを焼き、どのようなときにもう1個ケーキを焼かないだろうか。

表3-2をみると、830個目のケーキ1個を焼くのにかかる限界費用（MC）は440円である。このとき、830個目のケーキを焼くかどうかはどのように決めれば良いだろうか。それは、そのケーキがいくらで売れるかによる。ケーキの価格が440円よりも高ければ焼くことによって利潤を増やすことができるし、価格が440円よりも安ければ焼くことによって利潤は減少する。

これを一般化して整理すると以下のようになる。

$$\begin{rcases}限界費用（MC）＜市場価格（p）：生産を拡大する\\ 限界費用（MC）＞市場価格（p）：生産を縮小する\end{rcases} \tag{3-7}$$

このように、限界費用（MC）と市場価格（p）から競争市場で生産者が利潤最大化を行うための生産量を考えると、

$$限界費用（MC）＝市場価格（p）：利潤最大化 \tag{3-8}$$

となる水準で生産を行うことがわかる。

このときの利潤について考えると、総費用は平均総費用に生産量を掛けたものであり、競争市場では販売量と生産量は等しいので、式(3-5) を用いて総利潤は価格（p）から平均総費用（ATC）を引いたものに生産量を掛けたものになる。

$$p \times q - ATC \times q = (p - ATC) \times q \qquad (3\text{-}9)$$

ケーキの市場価格を 440 円とすると、表 3-2 から以下のように利潤を求めることができる。

$$(p - ATC) \times q = (440 - 300) \times 830 = 116{,}200 \text{ 円} \qquad (3\text{-}10)$$

なお、このときのケーキ 1 個当たりの利潤は 140 円である。

4　供給曲線の導出

A　供給曲線とは

供給曲線とは、価格と生産量との関係を示したものである。前節でみたように生産者は、限界費用＝市場価格となるように生産量を決めるため、ここから生産者の供給曲線を求めることができる。

たとえば、価格がケーキ 1 個 1,000 円となったとき、表 3-2 から生産量は 850 個へと増加する。一方で価格がケーキ 1 個 360 円となると、生産量は 785 個へと減少する。このように、価格の変化に対して、その価格と限界

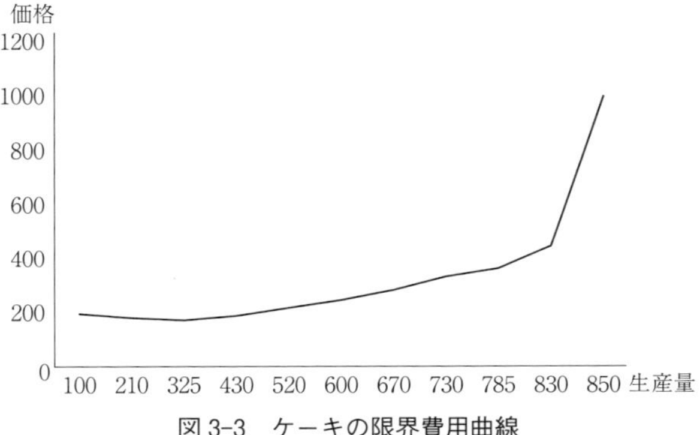

図 3-3　ケーキの限界費用曲線

費用が等しくなる生産量を求めることによって描ける**図 3-3** のような限界費用曲線が供給曲線となる。

B 操業停止と埋没費用

しかし、限界費用曲線はそのすべてが供給曲線となるわけではない。それは、企業が操業を停止する場合があるからである。操業停止とは、一定期間何も生産しないという決定である。

たとえば、ケーキ1個170円のとき、**表 3-2** から生産者は325個生産するだろうか。このとき、価格170円は限界費用と等しくなっているが、平均変動費用180円を下回っている。つまり、生産者は1個170円のケーキを作るために1個当たり180円の変動費用（労働者への賃金）を払っていることになる。そのため、生産者は固定費用5万円に加えて、(180－170)×325＝3,250円を加えた53,250円の損失が生じていることになる。このとき、操業を停止して労働者への支払いを止めると、固定費の5万円の損失のみで済む。

このように、価格と平均変動費用から競争市場での生産者の行動を考えると、

$$平均変動費用>市場価格 \tag{3-11}$$

となるとき、操業を停止する。

ここで、利潤の計算は $(p-ATC)\times q$ であることから、

$$平均変動費用<限界費用（価格）<平均総費用 \tag{3-12}$$

のとき、企業は生産すべきだろうか。たとえば、ケーキ1個250円のとき、**表 3-2** から生産者は600個生産するだろうか。このとき、価格250円は限界費用と等しくなっているが、平均変動費用は200円で平均総費用は280円となっている。

操業停止したときの損失は先にみたように5万円である。一方で、生産したときの利潤は(250－280)×600＝－18,000円となり、1.8万円の損失である。生産することによって固定費用の一部を回収できるため、生産を行った方が良いということになる。損失が生じるにもかかわらず、生産を行うことを変に感じるかもしれないが、このような固定費用のことを経済学では埋没費用（sunk cost）と呼ぶ。たとえば、工場や店舗の家賃や基本的な

管理費は生産活動の有無に関わらず支払わなければならない費用であるため、生産を行うかどうかに影響を及ぼさない。

操業停止と埋没費用を考慮すると、ケーキの供給曲線は、図 3–2 の平均変動費用曲線よりも上にある限界費用曲線の部分となる。

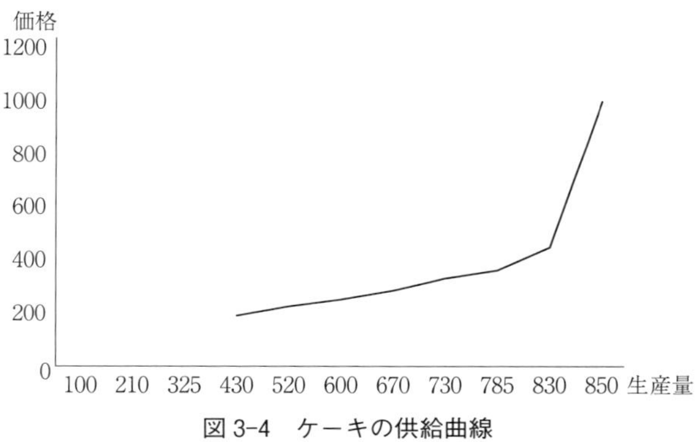

図 3–4　ケーキの供給曲線

C　市場供給曲線とは

1つの生産者の供給曲線から、市場の供給曲線を求めることができる。ここで、より一般的に生産者が1社から2社に増えたときの供給曲線はどのようになるかから考えてみたい。

図 3–5 は、縦軸にある財の価格 p を、横軸に供給量 x をとり、生産者 A と生産者 B それぞれの供給曲線と、2社合わせた供給曲線を描いたものである。この財の価格が p_1 であるときの生産者 A と B の供給量は、それぞ

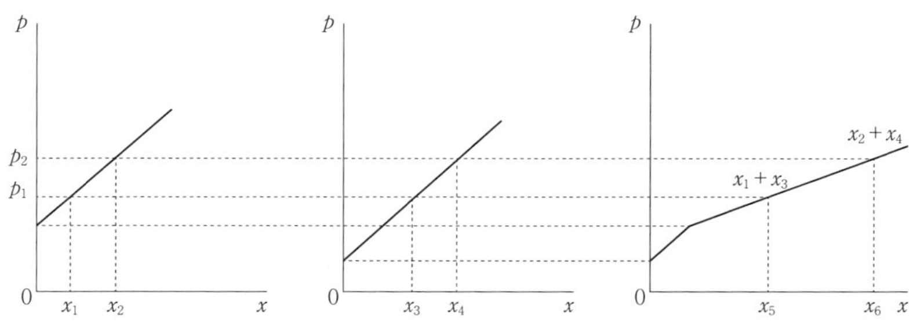

図 3–5　各企業の供給曲線と市場供給曲線

れ x_1 と x_3 であり、このときの2社の供給量は $x_1+x_3=x_5$ と表すことができる。同じように、価格が p_2 であるときの生産者AとBの供給量は、それぞれ x_2 と x_4 であり、このときの2人の供給量は $x_2+x_4=x_6$ と表すことができる。すべての価格について、同様の作業を行えば2社の供給曲線を導き出すことができる。このように供給曲線も個々の供給曲線を水平方向に足し合わせることによって、複数社についての供給曲線を導き出すことができる。このことから、多数の生産者からなる競争市場では、多数の生産者の供給曲線を足し合わせることによって、市場供給曲線を導き出すことができる。

D 供給曲線上の動きとシフト

供給曲線は、縦軸に価格、横軸に生産量を描いたものである。ここで、これまでみてきたように、財の価格が変化して生産量が変化することを「供給曲線上の動き」という。

一方で、価格以外の変化による生産量の変化を「供給曲線のシフト」という。その要因としては、ケーキ屋の例から考えると、①労働者の習熟度が変化して限界生産力が変化した、②労働者の賃金が変化した、③将来に対する生産者の予想が変化した、という点が挙げられる。また、市場の供給曲線では、④ケーキ屋の数が変化したなどの場合が考えられる。

それぞれのシフトの向きについてみてみると、①については、労働者の習熟度が増して限界生産力が上昇した場合は限界費用が減少するため、供給曲線は右方向にシフトする。一方で、新人の労働者が増えた場合には限界生産力が下降するため、左方向へシフトする。②については、労働者の賃金が上昇した場合には限界費用が増加するため、左方向にシフトする。③については、クリスマスの時期などケーキの需要が増加することが予測されるときには、その前後は生産量を減らし（供給曲線は左方向へシフト）、クリスマス当日には生産量を増やす（供給曲線は右方向へシフト）という戦略をとることがある。④について、ケーキ屋の数が増加するときには、供給曲線は右方向へシフトし、ケーキ屋の数が減少するときには供給曲線は左方向へシフトする。

推薦図書

- **アセモグル，D.・レイブソン，D.・リスト，J. 著／岩本康志監訳・岩本千晴訳『アセモグル／レイブソン／リスト　ミクロ経済学』東洋経済新報社，2020.**

アメリカのスター教授たちによる世界的なベストセラーテキストである。豊富な事例とデータに基づく実証的な解説を加えることで、伝統的なテキストとは異なる視点を学習者に与えている。また、ほかのテキストにはみられない実験経済学や行動経済学による知見も詳しく説明されている。

- **柴田舞『初めて学ぶミクロ経済学』新世社，2023.**

本書と同じく初学者向けの入門テキストである。問題演習が多く、基本的な知識の確認に最適。経済学の理解には、問題演習を行い理解の不足を補っていくという学習が重要になる。

- **八田達夫『市場の失敗と政府の失敗への対策』プログレッシブ経済学シリーズ，ミクロ経済学〈1〉，東洋経済新報社，2008.**

ミクロ経済政策に対する基本的なテキスト。基礎的な教科書の抽象的な議論ではなく、現実の経済政策を数多く分析することにより、それらについて経済学的な考え方を身に付けることができる。この教科書で興味を持った後に基礎的な教科書を読んでみるのも良いかもしれない。

第4章 市場と社会的厚生

本章のポイント

1. 競争市場では、多くの消費者と生産者が、標準化された同質の財について、完全情報のもとで取引を行っている。
2. はじめの市場価格が均衡価格より高くても低くても、多くの消費者と生産者によって価格は自然と均衡価格へと落ち着いていく。
3. 取引の利益である余剰には、生産者余剰、消費者余剰、社会的余剰とがある。
4. 生産者が1社しかいない独占競争市場では、独占企業は価格設定者(プライス・メーカー)となる。

1 競争市場

A 競争市場とは

市場とは、ある財・サービスにおける消費者と生産者の取引の場のことである。経済学を学ぶとき、市場は大きく競争市場と不完全競争市場の 2 種類に分けることができる。まずはじめに、競争市場では次の条件を満たす必要がある。①多数の消費者と生産者が存在すること。②取引される財・サービスは標準化されており同質であること。③すべての消費者と生産者が、その財についての情報を十分に持っている（完全情報である）こと。④すべての消費者と生産者が市場への参入と退出が自由であること。

この条件を満たす競争市場では、多くの消費者と生産者が、標準化された同質の財について、完全情報のもとで取引を行っている。そのため、市場に対して何ら影響力を持つことはなく、市場で成立する価格で財・サービスの取引を行う、価格受容者（プライス・テイカー）として、行動しなければならない。また、このときの価格で自己の利益が得られると考える消費者・生産者は市場に参入し、損失を被ると考える消費者・生産者は市場から退出をする。

B 市場均衡

第 2 章と**第 3 章**では、需要と供給を別々に分析してきた。ここでは、その 2 つを組み合わせることによって、競争市場で何が起こっているのかについてみていく。**図 4-1** は、縦軸にある財の価格を p、横軸にこの財の需要量と供給量を x で表している。市場需要曲線は D であり、市場供給曲線は S で表されている。このとき、需要曲線と供給曲線が交わる点 E で需要量と供給量が一致している。この交点 E を均衡点といい、このときの価格 p_E を均衡価格、数量 x_E を均衡取引量という。このとき、消費者は買いたいと思う量を買い、売り手は売りたいと思う量を売っている。

競争市場においては、消費者と生産者の自然な行動によって均衡点へと導かれる。その理解のために、市場価格と均衡価格が異なる場合を考える。**図 4-2** は、縦軸に価格 p、横軸に数量 x をとり、需要曲線 D と供給曲線 S

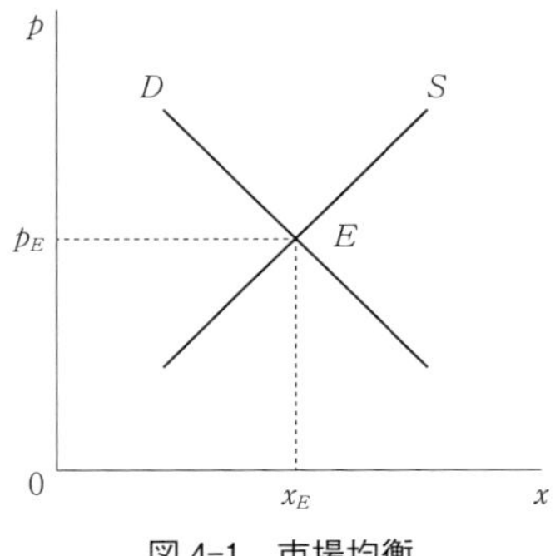

図 4-1　市場均衡

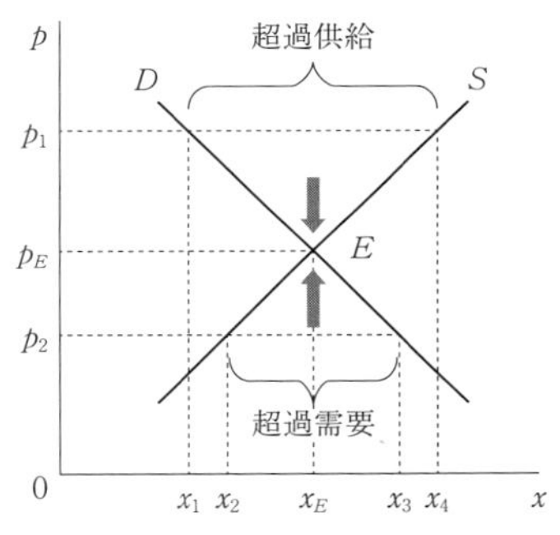

図 4-2　均衡の安定性

が描かれている。このときの均衡点は点Eであり、均衡価格はp_E、均衡取引量はx_Eとなっている。

まず、市場価格がp_Eより高いp_1となっている場合を考える。このとき、市場では需要量x_1に対して、供給量x_4が上回っている。このような状況を超過供給という。このとき、市場において財は余っており、生産者の手元では売りたくても売れない財が貯まっていくこととなる。そのため、生産者は価格を引き下げて、この超過供給状態を解消しようとする。価格が下落すると需要量は増加し、供給量は減少する。この価格の下落は市場が均衡点に達するまで、すなわち均衡価格と等しくなるまで続く。

反対に、市場価格がp_Eより低いp_2となっている場合を考える。このとき、市場では供給量x_2に対して、需要量x_3が上回っている。このような状況を超過需要という。このとき、市場において財は不足しており、消費者は買いたくても買えない状況が続くこととなる。そのため、生産者は価格を引き上げても、その財が売れるので価格を引き上げようとする。価格が上昇すると需要量は減少し、供給量は増加する。この価格の上昇も市場が均衡点に達するまで、すなわち均衡価格と等しくなるまで続く。このように、はじめの市場価格が均衡価格よりも高くても低くても、多くの消費者と生産者によって価格は自然と均衡価格へと落ち着いていく。また、市場が均衡に達すると、消費者は買いたいと思う量を買い、売り手は売りたいと思う量を売ることができているので、価格には上昇圧力も下降圧力もかからず安定している。

2 余剰分析

A 余剰分析とは

余剰とは、消費者と生産者が取引によって得ることができる利益のことをさす。このとき、消費者が取引から得ることができる利益を消費者余剰、生産者が取引から得ることができる利益のことを生産者余剰という。

B 消費者余剰

消費者が取引から得られる利益である消費者余剰は次の式から求めることができる。

消費者余剰＝支払い許容額－価格

ここで、支払い許容額とは、ある財について消費者が支払ってもよいと評価している金額のことである。たとえば、ある本に2,000円支払ってもよいと考えている消費者にとって、その本が1,500円で売られているときには、500円分の余剰を得ることができる。

図4-3は、縦軸に価格p、横軸に数量xをとり、需要曲線Dが描かれている。このとき、市場価格p_Eのときの需要量をx_Eとする。またここで、需要曲線上の点Cのときの消費者の支払い許容額はp_Cであるから、このと

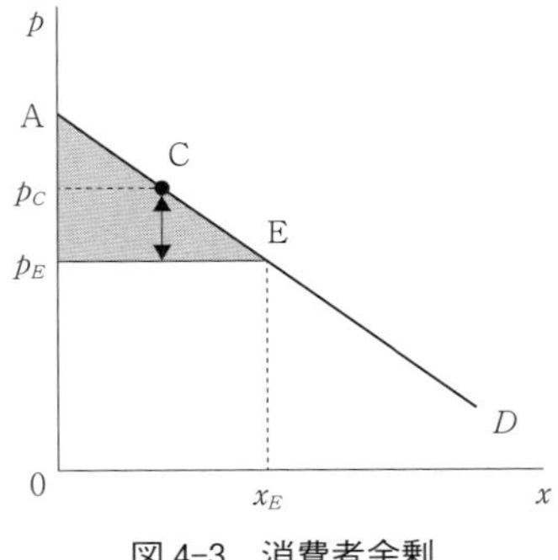

図 4-3　消費者余剰

きの消費者余剰は、$p_C - p_E$ となる。消費者は、支払い許容額よりも市場価格が低いときにその財を購入するので、需要曲線上の点Aから点Eの間で取引が行われ、このときの取引量の合計が需要量 x_E となる。なので、この取引における消費者余剰の合計は、$\Delta \mathrm{AE} p_E$ の面積となる。

C　生産者余剰

生産者が取引から得られる利益である生産者余剰は次の式から求めることができる。

生産者余剰＝価格－限界費用

図 4-4 は、縦軸に価格 p、横軸に数量 x をとり、供給曲線 S が描かれている。このとき、市場価格 p_E のときの供給量を x_E とする。またここで、供

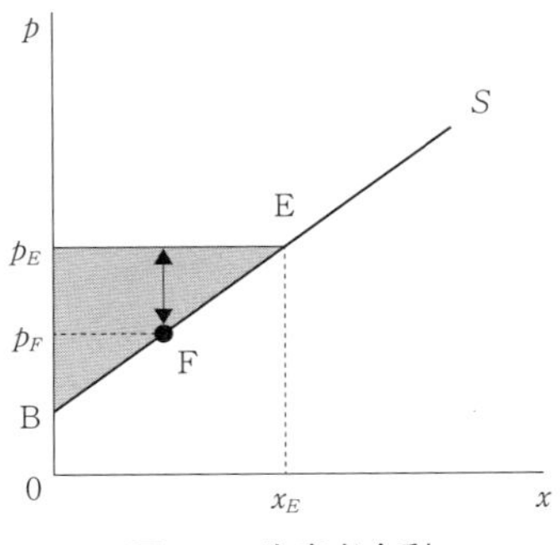

図 4-4　生産者余剰

給曲線上の点 F のときの限界費用は p_F であるから、このときの生産者余剰は、$p_E - p_F$ となる。生産者は、限界費用よりも市場価格が高いときにその財を生産するので、供給曲線上の点 B から点 E の間で取引が行われ、このときの取引量の合計が供給量 x_E となる。なので、この取引における生産者余剰の合計は、$\Delta \mathrm{BE}p_E$ の面積となる。

D 社会的余剰

これまで求めてきた、消費者余剰と生産差余剰を足し合わせたものを社会的余剰あるいは総余剰という。競争市場において、社会的余剰は図 4-5 の $\Delta \mathrm{A}E\mathrm{B}$ の面積で示される。

次に競争市場均衡において、社会的余剰が最大化されているかを検討する。図 4-6 において、市場の供給量が均衡取引量 x_E よりも少ない水準 x_1 のとき、市場価格は需要曲線上の点 A に対応する p_1 となる。このときの消費者余剰は、$\Delta \mathrm{FA}p_1$ に減少する。一方、生産者余剰は $\mathrm{ABC}p_1$ の面積となる。その結果、社会的余剰は ABCF の面積となり、競争市場均衡の場合と比べて、市場全体の取引の利益である社会的余剰は $\Delta \mathrm{AEB}$ の分だけ減少した。このことからわかるように、社会的余剰は競争市場均衡において最大となる。また、競争市場では社会的余剰が最大化されることから、効率的な資源配分が達成されているという。

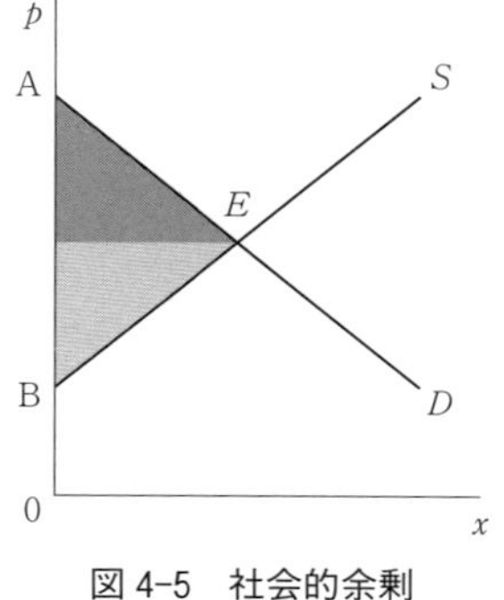

図 4-5 社会的余剰

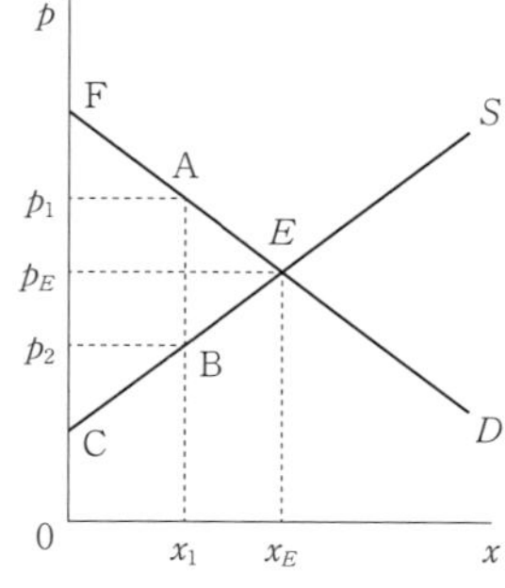

図 4-6 競争市場の効率性

3 独占市場

A なぜ独占が生じるのか

売り手もしくは買い手がただ1つしか存在しない市場のことを独占市場と呼ぶ。このうち、一般的に独占が問題となるのは売り手が1つしか存在しない場合である。売り手が1つしか存在しない例としては、新技術の開発による特許独占のケース、鉄道や電力などにみられる規模の経済が存在するケースなどがある。

まず、特許独占のケースについてみてみる。新しい技術を研究・開発することは、他の人々も利用可能な知識を創造するため、社会全体の利益となる。しかし、その利益すべてを発明者は獲得できないため、研究・開発に使われる資源は社会全体でみたとき過少となる。そこで、一定期間その技術に対する独占的な権利を与えることによって、研究・開発へのインセンティブを高めることが期待される。

次に、規模の経済とは、固定費用が変動費用よりもとても大きいときに生じる。たとえば、鉄道などでは固定費用である線路の敷設や車両の購入・整備等にかかる費用に比べると、利用者が1人増えたときにかかる変動費用はほぼゼロとみなすことができる。このようなとき、当初は複数の鉄道会社による競争が存在したとしても、利用者の多い鉄道会社の方がより安価な運賃を提示できるため、利用者はその1社に集中し、結果として鉄道会社は1社となる（自然独占）。また、社会全体としてみても、並行して何本も異なる鉄道会社の線路が整備されることは望ましいとはいえない。

B 独占企業の行動

競争市場において、各企業が直面する需要曲線（個別需要曲線）は、図4-7に示すように市場価格p_Eの水準で一定となる。これは、多くの企業がいる中で、どの企業の供給能力も市場全体からみるとほんのわずかであり、価格に影響を与えないことを指す。また、このとき企業は市場価格で売りたい量のすべてを売ることができる。そのため、競争市場の企業は、価格受容者（プライス・テイカー）といえる。

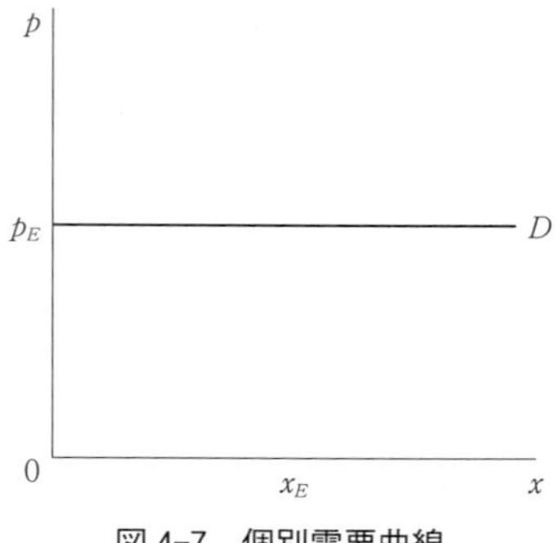

図 4-7　個別需要曲線

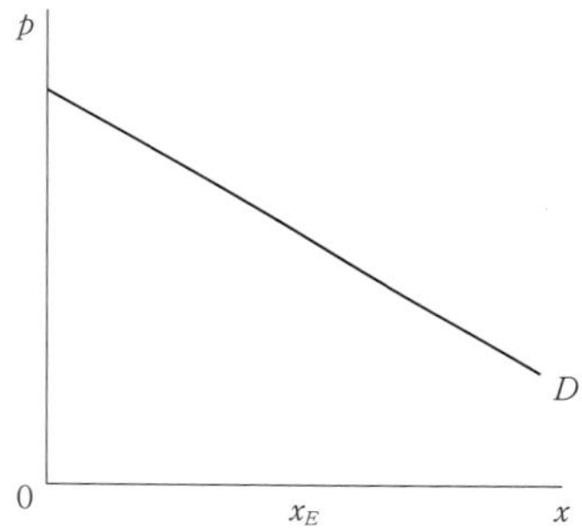

図 4-8　独占企業の個別需要曲線

その一方で、独占企業が直面する需要曲線は、図 4-8 に示すように右下がりとなる。これは、独占企業の供給能力が市場全体のすべてであることから、市場の需要曲線が独占企業の個別需要曲線と一致していることを示している。

このとき独占企業は、生産量 x を減らせば、価格 p を引き上げることが可能であり、価格 p を引き下げることによって、より多くの生産物を販売することが可能となる。このように、独占企業は価格にも影響を与えることができることから価格設定者（プライス・メーカー）といえる。

それでは、価格設定者である独占企業の行動についてみていくこととする。独占企業も、利潤最大化を目的とする点では、競争市場における企業と変わらない。ここで、p を製品価格、x を生産量、$TC(x)$ を総費用とすると、利潤は競争市場の場合と同じく、

$$px - TC(x) \tag{4-1}$$

と表される。

ここで、総収入（TR）$= px$ とする。また、販売量を1単位増加させることによって得られる総収入の増加分を限界収入（MR）と呼ぶ。

競争市場の場合、p は市場価格として、企業の生産量 x とは関係がなく決められているため、企業の限界収入は市場価格 p と等しくなる。

一方、独占市場の場合、価格 p は企業の生産量の影響を受け、生産量が増加するほど、低くなる。次に限界収入についてみてみると、追加的に1単位多く生産した場合には、その追加された1単位分だけでなく、それまで生産されていた製品も以前よりも低い値段で売らなければならない。そのため、収入の増加分（MR）は、価格 p から1単位増加したときの値下がり分を引いた額となり、独占企業の限界収入は常に価格 p よりも低くなる。

図4-9は、縦軸に価格 p、横軸に数量 x をとり、需要曲線 D、限界収入曲線 MR、限界費用曲線 MC が描かれている。先ほど説明したように独占企業の限界収入は常に価格 p よりも低くなるため、限界収入曲線 MR は、需要曲線よりも下に右下がりの曲線として描かれる。ここで、独占企業は競争市場における企業と同じく、追加的に1単位生産したことによって得られる収入（MR）よりも、それにかかる費用（MC）の方が小さいときには、生産量を増加させる。そして、（MR）と（MC）が等しくなる点Mにおいて、独占企業の利潤は最大化される。このときの生産量 x_M が最適生産量であり、需要曲線 D によって求められる p_M が販売価格（独占価格）となる。

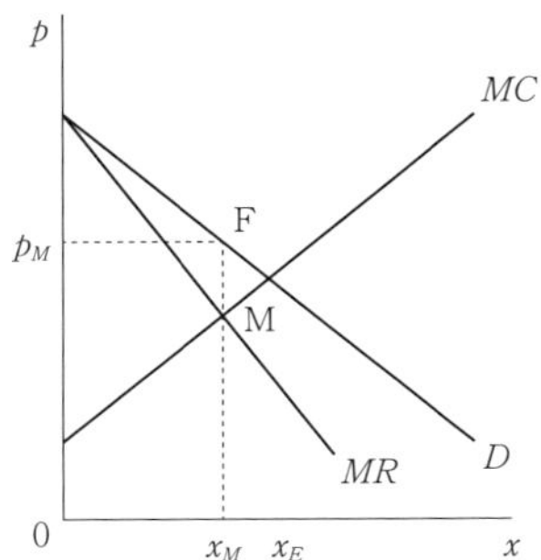

図4-9　独占企業の限界収入曲線

また、x_M よりも生産量が多くなると、追加的に1単位生産したことによって得られる収入（MR）よりも、それにかかる費用（MC）の方が大きくなるため、企業の利潤は減少する。

この図からわかるように、独占企業は限界費用よりも高い水準で独占価格を設定し、利潤を最大化している。また、最適生産量 x_M に対応する需要曲線上の点Fは、クールノーの点と呼ばれる。

C 独占による社会的損失

次に、独占における社会的損失について余剰分析を用いて検討する。

図4-10は、縦軸に価格 p、横軸に数量 x をとり、需要曲線 D、限界収入曲線 MR、限界費用曲線 MC が描かれている。独占市場における均衡点はMで示されており、このときの価格は p_M、生産量は x_M である。また、競争市場では、価格と限界費用が等しいとき、企業の利潤は最大となるので、需要曲線 D と限界費用曲線 MC との交点 E で均衡する。このときの価格は p_E、生産量は x_E となる。

まず、競争市場についてみると、消費者余剰は ΔAEp_E の部分、生産者余剰は ΔCEp_E の部分となることから、社会的余剰は ΔACE となる。

一方、独占市場における消費者余剰は ΔAFp_M の部分、生産者余剰はCMFp_M の部分となることから、社会的余剰はAFMCとなる。

したがって、競争市場と独占市場の社会的余剰の大きさを比べると、独

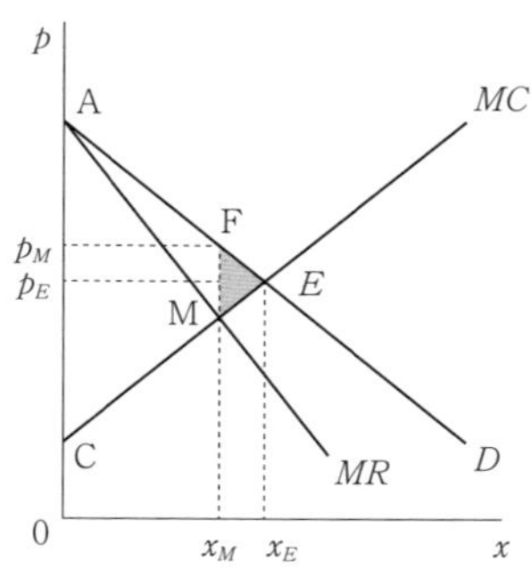

図4-10 独占による社会的損失

占市場の方がΔMEFで示された部分だけ小さくなっている。この余剰の差のことを死荷重（dead-weight loss）と呼ぶ。したがって、独占市場は資源配分の効率性が失われ、社会的損失が生じる。

このように、完全独占市場は社会的損失を生じさせるため、現在では独占禁止法によって、一部の企業等を除いて禁止されている。また、独占が認められている企業についても、行政当局によって価格規制が設けられており、自由に独占価格をつけることはできなくなっている。

推薦図書

- **アセモグル，D.・レイブソン，D.・リスト，J. 著／岩本康志監訳・岩本千晴訳『アセモグル／レイブソン／リスト　ミクロ経済学』東洋経済新報社，2020.**

  アメリカのスター教授たちによる世界的なベストセラーテキストである。豊富な事例とデータに基づく実証的な解説を加えることで、伝統的なテキストとは異なる視点を学習者に与えている。また、他のテキストにはみられない実験経済学や行動経済学による知見も詳しく説明されている。

- **柴田舞『初めて学ぶミクロ経済学』新世社，2023.**

  本書と同じく初学者向けの入門テキストである。問題演習が多く、基本的な知識の確認に最適。経済学の理解には、問題演習を行い理解の不足を補っていくという学習が重要になる。

- **八田達夫『市場の失敗と政府の失敗への対策』プログレッシブ経済学シリーズ，ミクロ経済学〈1〉，東洋経済新報社，2008.**

  ミクロ経済政策に対する基本的なテキスト。基礎的な教科書の抽象的な議論ではなく、現実の経済政策を数多く分析することにより、それらについて経済学的な考え方を身に付けることができる。この教科書で興味を持った後に基礎的な教科書を読んでみるのも良いかもしれない。

第5章 ゲーム理論

本章のポイント

1. ゲーム理論は、2人以上の経済主体が相互に関係する状況を分析する学問で、応用できる範囲は経済問題から国際問題まで幅広い。
2. 個人やさまざまな組織が社会を構成して相互に関係しているため、法律や制度を作る場合にもゲーム理論が有用である。
3. 経済主体が同時に行動するゲームを戦略形ゲームと呼び、プレイヤーと戦略、利得の3つの要素で表現される。人々の行動を予測することを「ゲームを解く」といい、選択された行動をゲームの解という。
4. すべてのプレイヤーに支配戦略が存在する場合には、その戦略の組がゲームの解となり、これを支配戦略均衡と呼ぶ。
5. 他プレイヤーの戦略に対して、自分の戦略中で利得が最も高くなる戦略を最適反応戦略と呼ぶ。そして、全プレイヤーの戦略が最適反応戦略である戦略の組をナッシュ均衡と呼び、それがゲームの解となる。

1 戦略形ゲーム

A ゲーム理論とは

廊下を歩いていて、前から来た人とぶつかるのを避けようとして右に避けたら、相手も同じ方向に避けたためにぶつかりそうになった経験はないだろうか。社会は多くの人々とその活動によって成り立っている。あなたが何かしようとした場合に、他人がどのように行動するかを予想して、その未来の行動を織り込んだ上で自らの行動を決めなければうまくいかない。その際に、先ほどの廊下の例のように、他人が今取っている行動を継続すると予想するのは危険である。なぜならば、相手もあなたとぶつかりたくないという思いがあり、そしてそれを防ぐための行動を考える能力を持っているからである。だから、小学校の先生によくいわれた「相手の気持ち（立場）になって考える」ことが重要になってくるのである。そして、それは本当に難しいことでもある。

このように相手がどのように行動するかを考えて自らの行動を決めるのは、個人と個人の間だけでなく、消費者と企業の間や企業間、国家間においても同様に必要なことである。ゲーム理論は、2人以上の経済主体が相互に関係する状況を分析するための学問で、経済問題から政治問題や国際問題まで幅広く応用できる便利な分析方法を提供してくれる。

さらに、個人や企業、さまざまな組織が社会を構成し相互に関係しているため、社会のルールを作る場合にもゲーム理論が有用である。その好例として、電力カルテルと課徴金減免制度（リーニエンシー）がある。2020年頃に一部の日本の電力会社間で企業向け電力に関してカルテルが結ばれていたことが発覚し、カルテルを結んでいた電力会社に対して多額の課徴金が課された。カルテルは電気料金を高止まりさせて社会的余剰を減少させるため、社会にとって決して望ましいことではない。しかし、一般的にカルテルは外部から証拠を集めることが難しく、違法性を立証することが困難なケースが多い。そこで登場したのが、課徴金減免制度である。本節では、カルテルに対する課徴金減免制度を例にゲーム理論の基礎を説明し、なぜ課徴金減免制度が有効に機能するのかをみていく。

B　戦略形ゲームとは

廊下でのすれ違いのように同時に行動する状況を扱うのが、戦略形ゲームである。ほかにも、じゃんけんやサッカーのペナルティーキックなどが例となる。本書では扱わないが、それ以外の状況、たとえば将棋のように交互に指していくような状況などを扱うのが、展開形ゲームである。

戦略形ゲームは、プレイヤーと戦略、利得の３つの要素によって表現される。そのうち、プレイヤーは意思決定を行う主体のことで、消費者などの個人だけでなく、企業や国家の場合もある。そして、そのプレイヤーが選択できる行動を戦略という。すべてのプレイヤーが戦略を１つずつ選択したときの戦略の組をゲームの結果といい、その結果に対する各プレイヤーの効用や利潤といった良し悪しを数値化したものが利得である。

前項で紹介した電力カルテルに関する戦略形ゲームを例として、プレイヤーと戦略、結果、利得について具体的に説明する。

表 5-1　電力カルテルの戦略形ゲーム

		B 電力	
		申告しない	申告する
A 電力	申告しない	①−1, −1	③−8, 0
	申告する	② 0, −8	④−5, −5

注）①〜④は各区画を表す。ここでは利得表の説明のために特別に付しているが、通常は必要ない。

まず、**表 5-1** を利得表（利得行列）と呼び、戦略形ゲームを構成する３つの要素がすべて表されている。このゲームでは、「A 電力」と「B 電力」がプレイヤーである。そして、A 電力の戦略は２つあり、「申告しない」と「申告する」である。B 電力の戦略も２つで、「申告しない」と「申告する」である。各プレイヤーの戦略は異なっていてもよく、たとえばB 電力の戦略だけ「廃業する」を加えた３つという場合もある。

このゲームでは２人のプレイヤーが２つずつの戦略を持っているため、２×２=４通りの「結果」が存在する。その４つの結果に対する利得をそれぞれ表しているのが、**表 5-1** の区画①〜④である。各区画の中の数値のうち、左がA電力の利得を、右がB電力の利得を表している。そして、結果と区画の対応関係は次の通りである。

A電力：申告しない戦略・B電力：申告しない戦略 →区画①
A電力：申告する戦略・B電力：申告しない戦略 →区画②
A電力：申告しない戦略・B電力：申告する戦略 →区画③
A電力：申告する戦略・B電力：申告する戦略 →区画④

たとえば、区画①の利得は「−1, −1」であるから、「A電力が申告しない戦略を選び、B電力が申告しない戦略を選んだ場合には、A電力は−1、B電力は−1の利得を得る」ということが、**表5-1**の利得表から読み取れる。それ以外の結果に対する2人の利得も同様である。

最後に、ここでの利得の意味について説明する。これはA電力とB電力が払うべき課徴金を表している。課徴金減免制度は、カルテルを自主的に申告することで課徴金が免除される制度である。そのため、A電力だけが申告した場合には、A電力だけ課徴金が0となるのである。しかし、両方ともが申告した場合には、全額減免とはならず5億円の課徴金となる。そして、相手が申告することでカルテルが全面的に立証されたにもかかわらず自分は申告していなかった場合には、8億円と大きな課徴金が課されることになる。ただし、両社とも申告しなかった場合には、十分な証拠がなく1億円とわずかな課徴金で済むことになる。なお、実際の課徴金制度はもっと複雑であるが、その基本的な仕組みはこれで十分に表されている。

C 支配戦略均衡

ここでは、利得表の形にまとめられた状況に対して、人々がどのような意思決定を行うのかを考えていく。つまり、人々の行動を予測し、最終的にどのような事態となるのかを合理的に予想するのである。このことを「ゲームを解く」といい、最終的に選択した行動をゲームの解と呼ぶ。

ゲームを解く上で重要なことは、プレイヤーは自分の利得が高くなることのみを目的として意思決定を行うという点である。つまり、ほんの少しでも自分の利得が高くなるような戦略を正確に選び、ほかのプレイヤーの利得に配慮したりはしないということである。ただし、それはほかのプレイヤーの利得を無視して、自分の利得だけをみているということではない。ほかのプレイヤーの意思決定を予想するためには、ほかのプレイヤーの利得をみる必要がある。しかし、ほかのプレイヤーの利得が高くなるようにするために、自分の利得が最も高くなる戦略以外をわざと選ぶというようなことをしない。これが上記で述べた合理的ということの意味である。

それでは、**表 5-1** の利得表をみながら、A 電力が選ぶべき戦略を考えてみよう。ここで最初に気づくのは、A 電力が「申告しない」戦略を選んだ場合に、相手である B 電力が選んだ戦略によって得られる利得が異なってくるということである。

そこで、まずは B 電力が「申告しない」戦略を選んだと仮定して、A 電力が選ぶべき戦略を考えてみよう。この場合に、A 電力が「申告しない」戦略を選ぶとすると、区画①となり、A 電力の利得は −1 となる。それに対して、A 電力が「申告する」戦略を選ぶとすると（区画②)、利得は 0 となる。そのため、A 電力は「申告する」戦略を選ぶ方が利得は高くなる。よって、A 電力は「申告する」戦略を選ぶべきということがわかる。

次に、B 電力が「申告する」戦略を選んだと仮定して、A 電力が選ぶべき戦略を考えてみよう。この場合には、A 電力が「申告しない」戦略を選ぶとすると（区画③)、A 電力の利得は −8 となる。それに対して、A 電力が「申告する」戦略を選ぶとすると（区画④)、利得は −5 となる。よって、A 電力は「申告する」戦略を選ぶべきということになる。

ここまでのことをまとめると、B 電力が「申告しない」戦略と「申告する」戦略のどちらを選んだとしても、A 電力は「申告する」戦略を選ぶべきということになる。このように、ほかのプレイヤーのすべての戦略に対して、自分の戦略の中で利得が最も高くなる戦略のことを支配戦略という。B 電力についても同様に考えると、「申告する」戦略が B 電力の支配戦略になっていることがわかる。

繰り返しになるが、支配戦略は相手のすべての戦略に対して、利得が最も高くなる戦略である。つまり、相手がどのような戦略を選んだとしても、それに関係なく自分は支配戦略を選ぶことが自分の利得を最も高くすることになる。そのため、2 人とも必ずそれぞれの支配戦略を選ぶことになり、それがこのゲームの解となる。

このように、すべてのプレイヤーが支配戦略を選んだ結果（戦略の組）のことを、支配戦略均衡と呼ぶ。**表 5-1** の利得表では「A 電力が申告する戦略を選び、B 電力が申告する戦略を選ぶ」ことが支配戦略均衡で、このゲームの解である。そして、その場合の利得を表すのは区画④であるから、「A 電力は −5、B 電力は −5 の利得をそれぞれ得る」ことになる。

最後に、カルテルに対する課徴金減免制度の効果をみてみよう。上記で説明したように、ゲームの解ではA電力とB電力がともにカルテルを結んだことを申告するという行動を選んでいる。両方が申告しないと軽微な課徴金で済むわけであるから、一見すると今までのように申告をしない方が得なように思われる。しかし、A 電力の立場になって考えてみると、B 電力が申告しないのであれば、自分だけ申告することで課徴金をまったく支払わないで済むことになる。そしてそれ以上に、そのような魅力的な状況は相手にも存在することにすぐに気が付くことだろう。つまり、自分が申告しないときに相手に申告されてしまうと、莫大な課徴金を自分だけが支払わないといけないことになる。相手が自主的に申告するのであれば、当然自分も申告しておかなければ大きな損となる。この状況は電力Bにとっても同様で、結果として両電力とも申告する方が合理的に考えて有利だということになる。これは、カルテルの立証を容易にし、さらに企業がカルテルを結ぼうとすることそのものを抑止することに繋がるのである。

それに対して課徴金減免制度がないとどうなるであろうか。相手が申告しないときに自分だけ申告しても課徴金はゼロにはならず、それどころかカルテルが立証されてしまい、莫大な課徴金を支払う羽目になる。また、相手が申告した場合も、たとえ申告したとしても莫大な課徴金を負担することに変わりはなく、申告するインセンティブはない。要するに、課徴金減免制度がなければ、わざわざ申告するようなことはしないのである。

課徴金減免制度は、密告した犯罪者が得をする不公平な制度だという意見もあるが、カルテルを摘発したり未然に防いだりするという点では効果は大きいといえる。法律や制度を作る際には、社会正義や公平性も重要であるが、その制度によってどのような結果となるかも重要である。そして、制度がもたらす結果を予測するためにゲーム理論は有用といえる。

2 ナッシュ均衡

A 支配戦略均衡の限界

1節Cでは、支配戦略均衡によるゲームの解き方を説明した。それでは、表5-2の利得表で表されたゲームについても同様にして解いてみよう。

表5-2 合理的な豚ゲーム

		小豚	
		スイッチを押す	待つ
大豚	スイッチを押す	4, −1	2, 2
	待つ	5, −1	0, 0

このゲームは、マクミラン（1955）に合理的な豚ゲームとして出てくる例である。飼われている大豚と小豚がエサを食べたいと思っているが、そのためには遠くにあるスイッチを押しに行かなければならないという状況を想定したゲームである。どちらか一方がスイッチを押せばエサは出てくるので、必ずしも両方が押しに行く必要はなく、さらに小豚は押しに行くとすごく疲れるため利得が−1となるというところがミソである。

まず、小豚の支配戦略を考えてみる。大豚が「スイッチを押す」戦略と「待つ」戦略のどちらを選んだ場合でも、小豚は「待つ」戦略を選ぶ方が利得は高くなる。よって、小豚の支配戦略は「待つ」戦略である。

次に、大豚の支配戦略を考えてみる。小豚が「スイッチを押す」戦略を選んだ場合には、大豚は「スイッチを押す」戦略を選ぶと利得が4で、「待つ」戦略を選ぶと利得が5であるから、「待つ」戦略を選ぶ方が利得は高い。しかし、小豚が「待つ」戦略を選んだ場合には、大豚は「スイッチを押す」戦略を選ぶと利得が2で、「待つ」戦略を選ぶと利得が0であるから、「スイッチを押す」戦略の方が利得は高くなる。そのため、大豚にとっては、小豚の両方の戦略に対して利得が最も高い戦略が存在しないことになる。つまり、大豚には支配戦略が存在しないのである。

支配戦略均衡は、すべてのプレイヤーが支配戦略を選んだ結果であるから、1人でも支配戦略が存在しないプレイヤーがいると、ゲームを解くことには利用できない。

B 最適反応戦略

1節Cのやり方では合理的な豚ゲームを解くことはできない。つまり、プレイヤーの行動は予測できない。これを解決するには、別の予測のやり方が必要である。そこで、より一般的に使える方法を説明する。

まず、重要な考え方が最適反応戦略である。最適反応戦略とは、ほかのプレイヤーの戦略に対して、自分の戦略の中で利得が最も高くなる戦略のことである。

表5-2の利得表について、大豚の最適反応戦略を探してみよう。ただし、最適反応戦略は「ほかのプレイヤーの戦略に対して」定まる戦略であることに注意が必要である。この場合だと、ほかのプレイヤー、つまり小豚の戦略は「スイッチを押す」戦略と「待つ」戦略の2つがある。そのため、この2つの戦略それぞれに対して最適反応戦略が存在する。

そこで、まずは小豚の「スイッチを押す」戦略に対する大豚の最適反応戦略を考える。この場合に、大豚が「スイッチを押す」戦略を選ぶとすると、大豚の利得は4となる。それに対して、「待つ」戦略を選ぶとすると、利得は5となる。つまり、大豚は「待つ」戦略を選ぶ方が利得は高くなる。よって、小豚の「スイッチを押す」戦略に対する大豚の最適反応戦略は、「待つ」戦略である。これを、表5-3の「マル印(a)」のように、利得表の小豚が「スイッチを押す」戦略で大豚が「待つ」戦略を選んだ際の大豚の利得5にマル印を付けて表すことにする。

同様にして、小豚の「待つ」戦略に対する大豚の最適反応戦略を考える。この場合に、大豚が「スイッチを押す」戦略を選ぶとすると、大豚の利得は2となる。それに対して、「待つ」戦略を選ぶとすると、利得は0となる。今度は、大豚は「スイッチを押す」戦略を選ぶ方が利得は高くなる。よって、小豚の「待つ」戦略に対する大豚の最適反応戦略は、「スイッチを押す」戦略である（表5-3のマル印(b)）。

次に、小豚の最適反応戦略を探してみよう。今度は大豚の「スイッチを押す」戦略と「待つ」戦略のそれぞれに対して小豚の最適反応戦略が存在

表 5-3　合理的な豚のナッシュ均衡

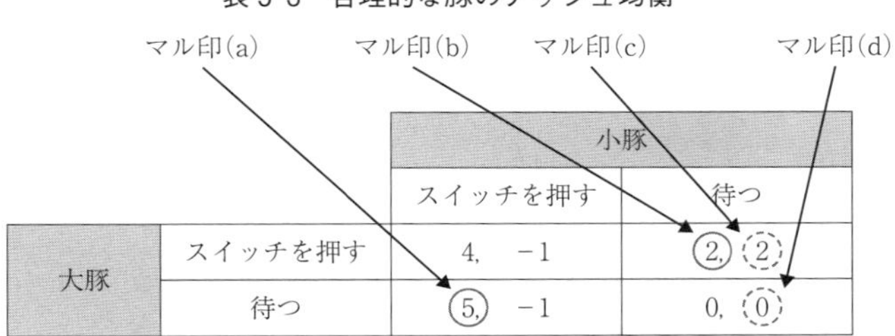

		小豚	
		スイッチを押す	待つ
大豚	スイッチを押す	4,　−1	②,　②
	待つ	⑤,　−1	0,　⓪

する。まずは大豚の「スイッチを押す」戦略に対して、小豚が「スイッチを押す」戦略を選ぶと利得は−1となり、「待つ」戦略を選ぶと利得は2となる。よって、大豚の「スイッチを押す」戦略に対する子豚の最適反応戦略は、「待つ」戦略である（表 5-3 のマル印(c)）。大豚の「待つ」戦略に対して、小豚が「スイッチを押す」戦略を選ぶと利得は−1となり、「待つ」戦略を選ぶと利得は0となる。よって、大豚の「待つ」戦略に対する子豚の最適反応戦略は、「待つ」戦略である（表 5-3 のマル印(d)）。

C　ナッシュ均衡とは

表 5-3 にある4つのマル印が、大豚と小豚それぞれ2つずつ、合計4つの最適反応戦略を表している。この中で両方の利得にマル印が付いているのは右上の区画である。これは、「大豚がスイッチを押す戦略を選び、小豚が待つ戦略を選ぶ」が両者の最適反応戦略の組であることを表している。このように、すべてのプレイヤーの戦略が最適反応戦略であるような結果（戦略の組）のことを、ナッシュ均衡と呼び、これがゲームの解となる。

ナッシュ均衡は、大豚にとって最適反応戦略となっている。つまり、相手が戦略を変えない限りは自分の利得が最も高くなる戦略となっており、ほかの戦略に変更するインセンティブは大豚の方にはない。このことは小豚にとっても同様で、ほかの戦略に変更するインセンティブは小豚の方にもない。そのため、両者ともナッシュ均衡から戦略を変更することはない。仮に最初は別の結果となったとしても、最適反応戦略でない方が戦略を変えていき、最終的にはナッシュ均衡に落ち着く。そして、一度ナッシュ均衡になると、そこからは結果は動かなくなるのである。

3 経済学への応用：クールノー均衡

A 複占市場

第4章で独占市場について学んだが、競争市場ではない市場にはほかにも複占市場や寡占市場がある。これらの市場の場合には独占市場と異なり、ほかの生産者の供給量を考慮に入れて利潤を最大にする供給量を決める必要がある。そのため、ゲーム理論の戦略形ゲームが有用となる。本節では、ゲーム理論の経済学への応用例として、2つの企業によって供給される複占市場の均衡についてみていく。

まず、財 x の需要曲線は次の通りとする。

$$x = -\frac{1}{20}p + 7 \tag{5-1}$$

そして、財の供給を行うのは、企業Aと企業Bの2社とする。式（5-1）を変形し、$x = x_A + x_B$ を代入することで、次のような2つの企業の供給量 x_A と x_B から財の価格 p を求める式が導き出される。

$$p = -20x + 140 = -20(x_A + x_B) + 140 \tag{5-2}$$

複占市場を分析するときのポイントは、財を供給する企業が2つのみであるため、均衡では需要量 x と2つの企業の供給量の合計 $x_A + x_B$ が等しくなるということである。

たとえば、企業Aの供給量が2のときに企業Bが3だけ供給すると、式（5-2）に $x_A + x_B = 2 + 3 = 5$ を代入して、価格が $p = -20 \times 5 + 140 = 40$ となる。もし企業Bが売上げを増やそうとして供給量を4にすると、価格は $p = -20 \times 6 + 140 = 20$ となってしまい、売上げも（$40 \times 3 =$）120から（$20 \times 4 =$）80へと逆に下がってしまう。つまり、価格の変化も考慮に入れる必要がある。さらに、生産量に応じて変化する可変費用を考慮すると、独占市場の企業のように利潤を最大にする価格と供給量の組合せが決まってくる。

ただし、複占市場では自社以外にもう一つ企業があり、仮に価格を引き上げるために供給量を減らしたとしても、その企業が供給量を増やしたのでは意味がない。このように寡占市場では、需要曲線と自社の費用関数だけでなく、もう一つの企業の供給量も考慮に入れて利潤最大化を考える必要がある。そこで、2節で学んだナッシュ均衡を応用する。

B　複占企業の最適反応戦略

2節Bで学んだ企業Aと企業Bの最適反応戦略を考える。2つの企業の費用関数は次の通りとする。

$$c(x_A) = 20x_A \tag{5-3}$$

$$c(x_B) = 20x_B \tag{5-4}$$

まず、企業Bの供給量を1と仮定して、企業Aの最適反応戦略を考える。この場合に企業Aの供給量が1とすると、利潤は次の通りとなる。

$$\begin{aligned} \pi(x_A) &= p \times x_A - c(x_A) \\ &= \{-20(x_A + x_B) + 140\} \times x_A - 20 \times x_A \\ &= \{-20 \times (1+1) + 140\} \times 1 - 20 \times 1 = 80 \end{aligned} \tag{5-5}$$

企業Aの供給量を2、2.5、3と増やしていくと、式（5-5）より、利潤は120、125、120となり、供給量が2.5のときに利潤が最大となることがわかる。よって、企業Bの「供給量1」戦略に対する企業Aの最適反応戦略は、「供給量2.5」戦略ということがわかる。

同様にして、企業Bの「供給量2」戦略や「供給量3」戦略に対する企業Aの最適反応戦略をみつけるために、それぞれの供給量に対する企業Aの利潤を表5-4にまとめた。なお、これは企業Aの利潤のみを記載しているため利得表にはなっていない。

表5-4で灰色の部分が最適反応戦略を表している。たとえば、企業Bの「供給量2」戦略に対しては、下から3行目を左からみていくと、「供給量0」戦略で利潤0、「供給量0.5」戦略で利潤35、……となり、「供給量2」戦略で最大の利潤80となることがわかる。よって、企業Bの「供給量2」戦略に対する企業Aの最適反応戦略は「供給量2」となる。

ただし、生産量は整数とは限らないので、企業Bの戦略も「供給量1.1」や「供給量1.01」を選ぶことができる。そうなると、それらに対する企業Aの最適反応戦略も考える必要がある。そこで、表5-4を見直すと、最適反応戦略を表す灰色が右下がりになっていることに気が付くだろう。実際、企業Bの「供給量0.5」戦略に対する企業Aの最適反応戦略を計算すると、それは「供給量2.75」となり、企業Bの「供給量0」戦略や「供給量1」戦

表 5-4　企業Bの戦略に対する企業Aの戦略ごとの利潤

		企業Aの戦略（供給量 x_A）							
		0	0.5	1	1.5	2	2.5	3	3.5
企業Bの戦略（供給量 x_B）	6	0	－	－	－	－	－	－	－
	5	0	5	0	－	－	－	－	－
	4	0	15	20	15	0	－	－	－
	3	0	25	40	45	40	25	0	－
	2	0	35	60	75	80	75	60	35
	1	0	45	80	105	120	125	120	105
	0	0	55	100	135	160	175	180	175

注）「－」は利潤がマイナスになることを表している。

略に対する企業Aの最適反応戦略の中間の供給量（戦略）になることがわかる。そこで、企業Aの最適反応戦略を、縦軸を x_B、横軸を x_A とした x_Ax_B 平面に点描する。そして、それらを線で結んでグラフを作成する。それが図 5-1 で、これを企業Aの最適反応曲線と呼ぶ。

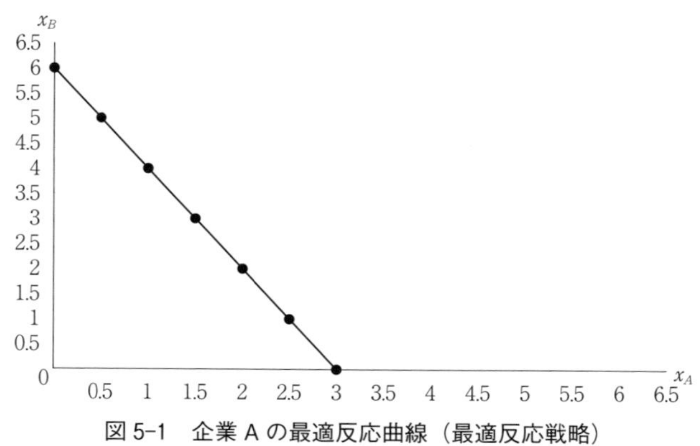

図 5-1　企業Aの最適反応曲線（最適反応戦略）

C　クールノー均衡

前項での企業Aの最適反応曲線の導出と同様にして、企業Bの最適反応曲線を求める（※注意：企業Bの費用関数は企業Aと同じため、最適反応戦略も同

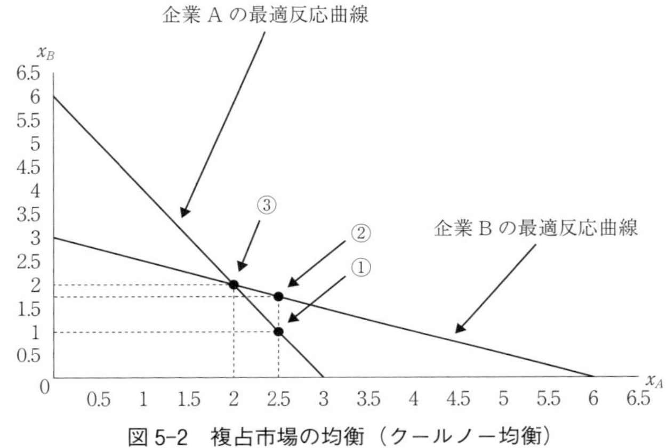

図 5-2　複占市場の均衡（クールノー均衡）

じとなり、最適反応曲線も x_A と x_B を入れ替えた直線となる）と、**図 5-2** のようになる。

図 5-2 に描かれた 2 つの直線が、企業 A と B のそれぞれの最適反応戦略を表している。たとえば、**3 節 B** で説明したように、企業 B の「供給量 1」戦略に対する企業 A の最適反応戦略は、「供給量 2.5」戦略であった。このことは、企業 A の最適反応曲線において、縦軸（x_B 軸）の値 1 に対応した点①の横軸（x_A 軸）の値が 2.5 であることが表している。

しかし、その横軸（x_A 軸）の値 2.5 に対応した企業 B の最適反応曲線上の点は、点①ではなく、点②となる。点②の縦軸（x_B 軸）の値は 1.75 となり、これは企業 A の「供給量 2.5」戦略に対する企業 B の最適反応戦略は、「供給量 1.75」戦略であることを表している。つまり、点①は企業 A にとっては最適反応戦略であるが、企業 B にとっては最適反応戦略でないということになり、ここはナッシュ均衡ではないということになる。

それではナッシュ均衡はどこなのだろうか。企業 A の最適反応戦略はすべて企業 A の最適反応曲線上の点であり、企業 B の最適反応戦略はすべて企業 B の最適反応曲線上の点である。そして、ナッシュ均衡は両方が最適反応戦略となっている結果である。そうだとしたら、2 つの最適反応曲線の交点、つまり点③こそがナッシュ均衡ということになる。

点③は、企業 A が「供給量 2」戦略を、企業 B が「供給量 2」戦略をそれぞれ選ぶという結果を表している。そして、それぞれがこの供給量を選ぶことによって、企業Aも企業Bも利潤を最大にすることができるのである。これが複占市場の均衡で、クールノー均衡（19世紀のフランスの数学者、経済学者 Augustin Cournot にちなんだ名称）とも呼ばれている。

複占市場の均衡では、企業Aと企業Bの利潤はともに80となる。もしこの市場が独占市場であった場合には、独占企業が得る利潤は180（これは、**表5-4**で企業Bの「供給量0戦略」に対する企業Aの最適反応戦略のときの利潤である）となり、複占市場での2つの企業の合計利潤よりも大きいことがわかる。このことは、合併による独占やカルテルを結ぶ誘因となる。一方で、市場の均衡価格は、複占市場（均衡価格は60）の方が独占市場（同80）よりも低い。2つの市場で需要曲線は同じであるから、均衡価格が低い複占市場の方が独占市場よりも消費者余剰は大きくなる。そのため、消費者にとっては複占市場の方が独占市場よりは良いといえる。ただし、この市場が競争市場であれば均衡価格は20となるため、消費者にとっては複占市場も競争市場よりは悪いといえる。まとめると、消費者にとって最も望ましいのは競争市場で、複占市場、独占市場の順でより悪くなっていく。一方で、企業にとっては逆に独占市場のときに利潤は最も大きくなり、複占市場、競争市場の順で小さくなっていく。

推薦図書

- **天谷研一『図解で学ぶゲーム理論入門』日本能率協会マネジメントセンター，2011.**

  ゲーム理論を初めて学ぶ人のための入門書として良書である。図や絵を用いて簡潔にわかりやすく、基礎的な理論について説明されている。展開形ゲームやオークションについても取り扱っており、最初に読むには十分な内容といえる。

- **松井彰彦『高校生からのゲーム理論』筑摩書房，2010.**

  ゲーム理論がどのような考え方で、どのように役立つのかを知るのに適している。教科書というより読み物であるため、楽しく概略を学ぶことができる。一方で、ゲーム理論の手法を学んで応用できるようになりたい人にはあまり向いていない。

- **渡辺隆裕『ゼミナール ゲーム理論入門』日本経済新聞出版，2008.**

  タイトルに入門とあるが、繰り返しゲームや不完備情報ゲームなど幅広い内容が500頁以上の紙面を割いて詳細に扱われている。ただし、高度な数学を用いた均衡の存在証明などはないため、根気があれば自力で読むことは十分に可能である。さらに、例題やその解き方、解答付きの練習問題も豊富である。

第6章 国内総生産

本章のポイント

1. マクロ経済学の目標は、経済成長と物価の安定、完全雇用の達成の3つである。
2. 経済循環図は、家計と企業、政府の間の財・サービスやお金の流れを表したものである。
3. 付加価値は、企業の財・サービスの供給額から投入した中間財の購入額を差し引いたものである。
4. 国内総生産（GDP）は、一国内で特定の期間内に生み出された付加価値の合計額である。
5. 経済成長率は、前年からのGDPの増加率（または減少率）である。
6. GDPは、生産面と支出面、分配面（所得面）の3つの方法で計算でき、それらがすべて等しくなる。これを三面等価の原則という。
7. GDPは、消費と投資、政府支出、純輸出の4つに分解できる。

1 マクロ経済学の枠組み

A マクロ経済学における政策目標

この第6章から第10章までは、マクロ経済学の内容となる。序章で説明したように、マクロ経済学は「家計」「企業」「政府」という各経済主体の動きと、その集積としての一国の経済動向について分析する経済学である。要するに、一つの国の経済全体をまとめて考えていく分野であり、それ故に一国の経済政策と密接な関係がある。

そして、一国の経済全体を考える理由は、国民の大多数の経済的な幸福を考えるためである。それでは、人々はどのような状態になれば“経済的に”幸福なのだろうか。それを考える上で重要なポイントが3つある。

(1) 経済の状態、いわゆる景気の良し悪しがポイントとなる。景気が良ければお給料が増えたりして人々が豊かになるからだ。景気の良し悪しは前年と比べてモノやサービスの生産量がどの程度（何%）増えたか（これを経済成長率という）で判断する。経済成長率が高ければ良いとなり、低かったりマイナスだと悪いとなる。ただし、経済成長率が高すぎるのも好ましくない場合がある。モノの値段が大きく上昇してしまうからだ。そのため、適切な経済成長率が重要といえる。

(2) モノやサービスの値段がどの程度上がっているか、つまり物価の上昇率がポイントとなる。いくら景気がよくても、1ヶ月で米の値段が2倍になるようでは、やはり幸福とはいえないだろう。また、物価は経済成長とも関連しているが、それ以外の要因にも左右される。そのため、物価が1年間に2%くらいの水準（適切な上昇率は国や時代によって異なり、現在の日本銀行は2%程度を目標としている）で安定的に上昇していることが重要といえる。

(3) 仕事があるかどうかがポイントとなる。多くの人は生活のためのお金を働くことで得ているので、仕事がなければ生活に困窮してしまう。社会的にも、失業状態の人が少なければ少ないほど望ましいといえるだろう。そのため、現在の賃金水準で働く意思のある人々がすべて職に就けている、つまり完全雇用が達成されていることが重要といえる。

以上のことをまとめると、マクロ経済学における経済政策において重要な目標は、(1) 経済成長と (2) 物価の安定、(3) 完全雇用の達成の3つである。そして、これらの目標が達成されたのかどうかを判断する尺度（これを経済指標という）が、経済成長率と物価上昇率、失業率である。1つ目の経済成長率は、国内総生産（GDP）がどれだけ増えたかを表す。また、2つ目の物価上昇率は、消費者物価指数などの物価を表す経済指標がどれだけ上昇または下落したかを表す。そのため、これらを理解するためには、まず国内総生産（GDP）と物価について学ぶ必要がある。

本書では、国内総生産（GDP）については**第6章**、物価については**第7章**、失業（率）については**第8章**で、それぞれ詳しく説明を行う。その上で、主要な2つの経済政策である財政政策と金融政策について、前者を**第9章**、後者を**第10章**でそれぞれ説明する。

B　経済主体

マクロ経済学が取り扱う一国の経済全体とは非常に複雑であり、そこには多様な人々やさまざまな組織が関係している。そのため、現実をそのまま分析することは難しく、重要なポイントを押さえつつ単純化して分析する必要がある。経済活動を行う人や組織についても同様で、経済的に同じ役割を担うものをひとまとめにすることが必要になる。そこで、一国の経済を演劇の舞台に、多くの人々や組織を少数の登場人物に置き換えて考えることにする。この演劇の舞台を経済モデル、登場人物を経済主体と呼ぶ。

経済主体には、家計、企業、政府の3つがある。家計とは、われわれのことである。ただし**第2章**の消費者とは異なり、財を消費するという面だけでなく、働いて賃金を得たり、株式を購入して企業に資本を提供したりといった多面的な経済活動を行う経済主体である。

次の企業も、**第3章**の生産者とは異なり、財を供給するという面だけでなく、賃金を払って労働者を雇ったり、必要な資金の借り入れを行ってそれに対する利子を支払ったりする。会社をイメージしてもらえばよいのだが、厳密には株式会社のような組織だけでなく、商店街の魚屋さんのような個人商店も含まれることに注意してほしい。

最後の政府は、日本政府と東京都や大阪市といった地方政府のことで、

第5章までのミクロ経済学ではまだ登場しなかった経済主体である。

C 経済循環図

マクロ経済学における経済モデルは単純なものから複雑なものまでいろいろとある。単純な経済モデルは、理解しやすく応用範囲も広いが、細かくみていくと現実との齟齬も多い。一方、複雑な経済モデルは難解であるが、より現実に即していて精緻な政策分析に耐えうる。なお、本書では、第9章で45度線図モデルという最も基本的な経済モデルを学ぶ。

これらの経済モデルが想定する経済主体間の関係、つまり財・サービスやお金の流れを説明したものが、図6-1の経済循環図である。経済モデルを理解するためには、まずはこの経済循環図が頭の中に入っている必要がある。特に第9章や第10章を学ぶ際には、この図を思い出してほしい。

なお、この図での経済主体は、1人（の巨人）ではなく、同じ経済的な役割を持った人々や組織のグループとして描いている。たとえば、家計というグループの中には、個人である家計Aや家計Bが存在する。なお、説明を簡単にするために、輸出や輸入といった海外との取引は省略する。

図6-1に描かれているように、家計と企業の間の市場取引には［1］消費財市場を通じたものと、［2］生産要素市場を通じたものの2つがある。なお、生産要素市場を通じては、家計と政府も取引を行っている。

[1] 消費財市場

この市場を通して、企業が財やサービスを供給（図6-1の矢印①）し、それを家計が代金を支払（矢印②）って購入する。取引する財・サービスの例としては、パンなどの食料品や衣服、散髪などがある。このように家計が消費する財・サービスのことを消費財という。

[2] 生産要素市場

この市場で取引される生産要素とは、労働と土地、資本の3つである。これらは、企業が財を生産するために必要な要素で、原料のように生産に応じて減っていくものではない。なお、政府も公共サービスを供給するために家計が供給した労働や土地（矢印③）を使用し、その対価として公務員へ

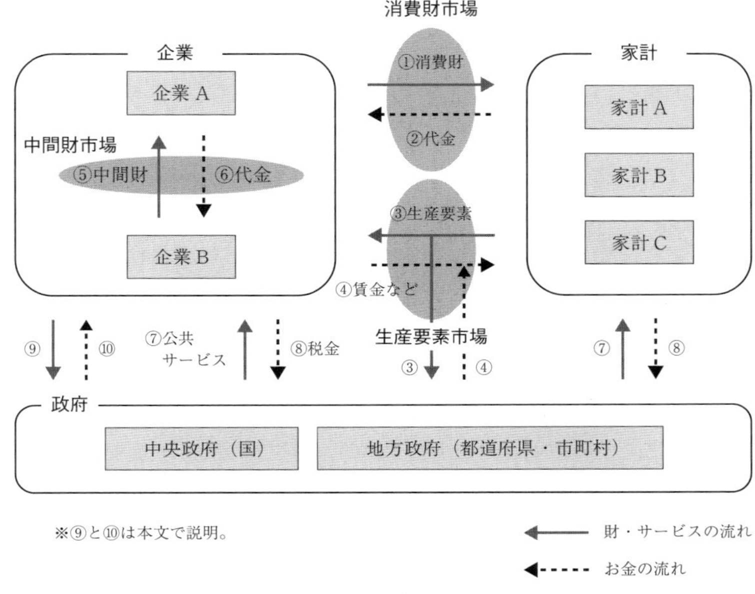

図 6-1　経済循環図

の賃金などを家計に支払う（矢印④）。

(1) 労働

財を生産するために人々が働くこと、つまり労働力のことである。そして「家計と企業が労働を取引する」とは、人々が会社に雇用されて働き（矢印③）、お給料をもらう（矢印④）ことをさしている。このことを経済学的に表現すると、「家計が供給した労働を企業が需要する」となる。パンなどの消費財は家計が需要者（供給者は企業）であるが、労働は企業が需要者（供給者は家計）と反対になっており、労働供給の対価としての賃金を企業が家計に支払う。労働を取引する生産要素市場のことを労働市場という。

(2) 土地

生産に使用される土地のことで、田畑や工場の敷地などである。たとえば、家計 A が持つ土地を企業 B に貸し出し（矢印③）、企業 B はそこにスーパーの店舗を建てて商売をする。そして、企業 B は借りた対価として地代を家計 A に支払う（矢印④）。ここでも供給するのは家計で、企業は需要する側である。土地を取引する生産要素市場のことを不動産市場という。

(3) 資本

店舗や工場といった建物、トラックや機械などのことである。これについても、供給するのは家計で、企業は需要する側となる。ただし、労働や土地と異なり、機械そのものを家計が提供するわけではない。銀行預金や株式購入などを通じて資金を提供し、企業がその資金で機械を購入する。その場合でも、それらの機械は株主の資金で購入されており、最終的には株主の所有といえる。そのため、家計が（資本としての）機械を提供（矢印③）し、それを使用した企業が対価を支払う（矢印④）ことになる。資本を取引する生産要素市場のことを資本市場もしくは金融市場という。

また、企業同士の取引、つまり企業Ａと企業Ｂの間の取引を行う市場として［3］中間財市場がある。

[3] 中間財市場

中間財とは、企業が生産に投入する財・サービスであって、別の企業によって生産されるもののことである。たとえば、トヨタ自動車は、ブリヂストンが供給したタイヤを車体に組み込んで車を生産している。この場合には、タイヤが自動車生産における中間財といえる。ほかにも、製粉会社が生産した小麦粉は、それを仕入れるパン屋にとって中間財といえる。このように、中間財については、ある企業が財を供給（矢印⑤）し、それを需要した別の企業が支払いをする（矢印⑥）という取引になっている。

次に、市場を通さない取引として、政府と家計の取引（次の［4］のみ）および政府と企業の取引（次の［4］と［5］）について説明する。

[4] 公共サービスと税金

社会には、警察サービスのように市場での取引には向かない財やサービスが存在する。このような公共サービスを政府が家計や企業に供給（矢印⑦）し、その財源となる税金を家計や企業は納めている（矢印⑧）。

[5] 政府支出

政府が公共財やサービスを供給する場合に、財を企業から購入する必要がある。これを政府支出という。つまり、企業がダムやパトカーを供給（矢印⑨）し、政府がその支払い（矢印⑩）を行う取引となる。これらの取引は入札などによって行われ、一般的には市場を通さずに行われている。

最後に、この節で説明した用語を整理すると次のようになる。

表 6-1　経済循環図で使用した用語

取引を行う人物（経済主体）		家計・企業・政府
取引されるモノ	生産要素	労働・土地・資本
	財・サービス	消費財・中間財
取引を行う場（市場）		消費財市場・生産要素市場・中間財市場

2　国内総生産（GDP）と経済成長率

A　付加価値

この第 2 節では、マクロ経済学で重要な経済指標の 1 つである国内総生産（GDP）と経済成長率について学んでいく。ただし、そのためには最初に付加価値について理解しておく必要がある。

まず付加価値の定義である。付加価値とは、企業の財・サービスの供給額から生産のために投入した中間財の購入額を差し引いたものである。簡単にいうと、財・サービスの売り上げから原材料費などを差し引いた残りのことである。ただし、労働などの生産要素は中間財ではないため、賃金や地代などは差し引かないという点に注意してほしい。

次に、図 6-2 の大根の例を用いて、付加価値の計算方法について説明する。話を簡単にするため、大根の生産には労働（農家とスーパーの従業員）と土地（農地とスーパーの敷地）、資本（農業機械とスーパーの店舗）、それに肥料（海外から 20 万円で輸入）のみが必要であるとする。そして、農家が 3 ヶ月間に生産した 10,000 本の大根を 1 本 80 円でスーパーに卸し、それをスーパー

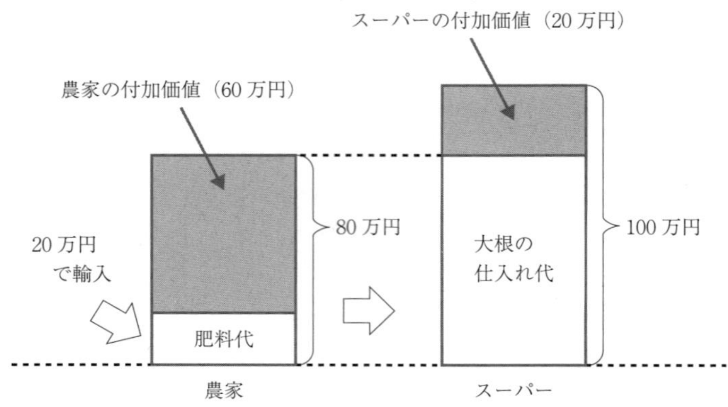

図6-2　付加価値の例：大根の供給

は1本100円で消費者にすべて販売した。

まず農家の付加価値であるが、スーパーへ販売した供給額（80円×10,000本＝）80万円から中間財である肥料の購入代金20万円を差し引いた60万円となる。次に、スーパーの付加価値は、消費者に供給した販売額（100円×10,000本＝）100万円から中間財である農家から仕入れた大根の代金80万円を差し引いた20万円となる。

ここで注意してほしいことは、大根の販売額も中間財の購入額もすべて実際に取引された際の価格という点である。農家の人が「この大根には1本1,000円の価値がある」と主張したとしても、肥料代を差し引いた980万円が農家の付加価値とはならないのである。また、家事のように価値のあるサービスであったとしても、市場で取引されたものでなければ残念ながら付加価値の対象とはならない。

経済活動において、付加価値の大きさは重要な意味を持つ。まず付加価値の中には、生産要素である労働と土地、資本の対価が含まれている。つまり、賃金、農地やスーパーの敷地に対する地代、農業機械を購入するために借りた資金の利子やスーパーの株主への配当である。言い換えると、賃金や地代、配当などはすべて付加価値の中から支払われているのである。そのため、付加価値が小さければ支払える賃金も配当も僅かということになる。大根の供給に関わる人々が経済的に豊かになるためには、まずは（大根供給における）付加価値が大きくなることが必要である。つまり、経済成長とは付加価値がどれだけ増えるかということといえる。

B　国内総生産の定義

国内総生産（GDP）の定義は次の通りである。

国内総生産（GDP）とは、[1] 一国内で、[2] 特定の期間内に生み出された [3] 付加価値の合計額である。この定義のポイントは、以下で詳述する [1]～[3] の3つである。なお、これ以降は国内総生産（GDP）を単にGDPと略して表記する。

[1] 一国内で

ここで重要になるのは「国民」ではなく「国内」という点である。つまり、日本のGDPであれば、付加価値が生み出された場所が日本でなければならないのである。たとえば、日本の自動車会社であるトヨタが愛知県にある工場で生産した車は日本のGDPの対象となるが、アメリカのケンタッキー州にある工場で生産した車は日本のGDPの対象とならない。この車はアメリカのGDPの対象となる。逆に、アメリカ大リーグの野球チームであるドジャースが日本で行った試合は、日本のGDPの対象となる。

[2] 特定の期間内に

ここでの特定の期間とは、通常は1年間や3ヶ月間（これを四半期という）、1ヶ月間である。これらの期間内に生み出されたものが対象となる。そのため、中古品は対象とはならない。たとえば、2020年に生産された車が、2025年に中古車として取引された場合には、この車は2020年のGDPの対象となるが、2025年のGDPの対象とはならない。ただし、中古車店が生み出した付加価値（中古車の販売価格から仕入れ価格を引いた金額）は、2025年のGDPの対象となる。これは、中古車店の販売というサービスは2025年に行われたものだからである。

[3] 付加価値

前項で説明した例では、農家とスーパーの付加価値は60万円と20万円で、合計した80万円が日本のGDPの一部となる。同様にして、大根だけでなく自動車やテレビ、さらに散髪といったサービスも含めて国内で生み出されたすべての付加価値を合計することで、GDPが算出される。なお、前項で注意したように、付加価値は取引された際の価格をもとにして計算されているため、GDPも市場価値で算出されることになる。

GDPの計算において注意すべき点に帰属家賃がある。家を借りて家賃を支払っている場合には、この家賃は不動産賃貸サービスの付加価値としてGDPに算入される。一方で、持ち家の場合には家賃を支払っていないので、このままではGDPに算入されないことになってしまい、不都合が生じる。たとえば、住んでいた持ち家を友人に10万円で貸して、その友人が住んでいた持ち家を10万円で借りたとする。この交換によって、GDPの計算上は20万円分の住宅サービスが新しく供給されたことになる。しかし、家が新築されて住みだしたわけでもなく、住宅サービスの供給量は増えていない。これでは20万円分の経済成長をしたとはいえないだろう。そこで、持ち家の場合も「持ち主の自分」から「借りている自分」に家賃を払っているとして架空の家賃（これを帰属家賃という）をGDPに算入するのである。こうすれば先ほどの例でも、住む家の交換前と後でGDPは変化しない。

C　経済成長率

GDPは1つの国の1年間の経済規模を表しているが、人々にとって重要なことは経済規模が去年よりも拡大したのかどうかという点である。皆さんも、いくら日本のGDPが世界第3位だといわれても、昨年よりもGDPが減少したならば、経済の状態が良いとは思わないだろう。つまり、人々の生活にとってはGDPの値そのものというよりも、過去との比較（これを経済成長という）が重要といえる。まず、前年よりGDPが増加（＝経済成長がプラス）の方が、前年よりGDPが減少（＝経済成長がマイナス）よりも、経済の状態は良いと評価される。さらに、経済成長が同じプラスであっても、大きく増加した場合の方が、少しだけしか増加しなかった場合よりも、経済の状態は良いとなる。つまり、経済成長が大きいほど経済の状態は良いという評価となる。

そのため、前年よりGDPがどれだけ増加したのか、つまり1つの国がある年にどれだけ経済成長したのかを表す経済指標が必要となる。それが、経済成長率である。経済成長率の計算方法は次の通りである。

$$\text{ある年の経済成長率} = \frac{\text{ある年の GDP} - \text{その前年の GDP}}{\text{その前年の GDP}} \times 100 \qquad (6\text{-}1)$$

この値が正であれば経済成長しており、負であればマイナス成長となる。そして、経済成長率の値が高いほど、経済の状態は良いといえる。

表 6-2　日本の GDP（2007〜10 年、2020〜23 年）

（単位：兆円）

年	2007	2008	2009	2010	2020	2021	2022	2023
GDP	539	528	495	506	540	553	562	593

出典）内閣府「国民経済計算（GDP 統計）」の名目暦年データより筆者作成.

表 6-2 は、2007〜10、2020〜23 年の日本の GDP を表している。2022 年の日本の経済成長率を計算してみると、

$$\frac{\text{2022 年の GDP} - \text{2021 年の GDP}}{\text{2021 年の GDP}} \times 100 = \frac{562 - 553}{553} \times 100 = 1.62\cdots \qquad (6\text{-}2)$$

となり、小数第 2 位を四捨五入して 1.6% となる。2022 年は経済成長していたことが確認できた。それでは、2022 年の経済の状態はどれくらい良いといえるのだろうか？　それを知るためには、ほかの年の経済成長率と比べる必要がある。そこで、2021 年の経済成長率を計算すると、2.4% と 2022 年より高かった。このことから「2022 年は前年の 2021 年から経済の状態が悪化した」という評価になる。

次に 2009 年の経済成長率を計算してみると、$(495 - 528)/528 \times 100 = -6.25\cdots$ となり、四捨五入して −6.3% という負の値となる。これはマイナス成長ということで、経済の状態は悪いといえる。それではどれくらい悪いのかを知るために、前年の経済成長率と比較してみよう。2008 年の経済成長率は −2.0% であったことから「2009 年はマイナス成長であった前年の 2008 年よりもさらに経済の状態は悪化した」という評価になる。

最後に、日本の経済成長率の推移をみてみよう。**図 6-3** は 2000〜23 年の実質 GDP（**第 7 章**を参照）による経済成長率である。

出典）内閣府「国民経済計算（GDP 統計）」の実質暦年（前年度比）データより筆者作成.

図 6-3 日本の経済成長率の推移

3 GDP の 3 つの側面

A 三面等価の原則

GDP を付加価値の合計と捉えると、経済循環図と GDP の関係を理解するのが難しくなる。そこで、図 6-1 から政府と中間財を省略して、経済主体は家計と企業、財は消費財のみに簡略化した経済循環図を考える。それが図 6-4 である。付加価値は生産した財の市場価値から中間財の市場価値を取り除いた金額であるから、中間財が存在しなければ両者は等しくなる。

つまり、図 6-4 の世界では付加価値と財・サービスの市場価値は等しくなる。さらに、（図 6-1 や）図 6-4 の世界では海外との取引は省略しているので、輸入の問題も生じない。そのため、次の関係式が成り立つ。

GDP＝「①消費財」の市場価値の合計 (6-3)

これは、生産された財・サービスの市場価値によって計算された GDP であるから、生産面の GDP という。

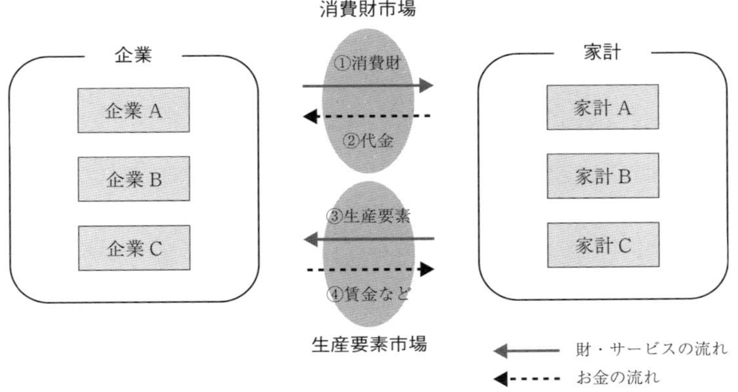

図6-4　家計と企業のみの経済循環図

次に、図6-4の消費財市場の取引から次のような関係が成り立つ。

「①消費財」の市場価値の合計＝「②代金」の合計　　(6-4)

この式（6-4）と式（6-3）から、２番目のGDPの関係式が導き出される。

GDP＝「②代金」の合計　　(6-5)

これは、財・サービスに対して支払われた代金によって計算されたGDPであるから、支出面のGDPという。

さらに、図6-4の世界では、中間財は存在しないので、企業は受け取った代金（＝付加価値）を賃金や配当として生産要素の供給者にすべて支払うことになる。そのため、次のような関係が成り立つ。

「②代金」の合計＝「④賃金など」の合計　　(6-6)

この式（6-6）と式（6-5）から、３番目のGDPの関係式が導き出される。

GDP＝「④賃金など」の合計　　(6-7)

これは、労働を供給することなどによって財・サービスの生産に貢献した人々に支払われた対価（賃金など）によって計算されたGDPであるから、分配面（所得面）のGDPという。

このように、GDPは3つの異なる方法で計算することができ、その計算結果は理論的に必ず等しくなる。このことを三面等価の原則という。

B 支出面のGDP

前項で説明した支出面のGDPについて、もう少し詳しくみていこう。図6-4では家計と企業のみに絞って考えたが、本来マクロ経済学の登場人物は家計、企業、政府である。よって、財・サービスを購入するのも、この3つの経済主体である。家計が購入した財・サービスの合計額を消費（C）、企業の購入合計額を投資（I）、政府の購入合計額を政府支出（G）という。これらを合計するとGDPと等しくなることから、次の式（6-8）が導き出される。

$$消費 + 投資 + 政府支出 = GDP \tag{6-8}$$

たとえば、2024年の日本の消費が300兆円、投資が80兆円、政府支出が120兆円だったとすると、その合計額500兆円は2024年の日本のGDPと一致することになる。

ただし、貿易を大規模に行っている現代の経済では、もう1つの経済主体を考える必要がある。それが海外の人々である。つまり、海外の人々が日本国内で生産された財・サービスを購入することがあり、それが輸出（EX）である。この輸出を式（6-8）の左辺に加えると次のようになる。

$$消費 + 投資 + 政府支出 + 輸出 = GDP \tag{6-9}$$

しかし、これだけでは不十分であり、海外で生産された財・サービスを日本の家計や企業、政府が購入すること、つまり輸入（IM）も考慮しないといけない。そのことを理解するために、図6-2の大根の例で考えてみよう。大根の例では、消費は100万円であるが、付加価値の合計額は80万円しかなく、実は一致していない。この理由は、消費100万円の中に輸入された肥料20万円分が含まれているためである。ようするに、家計は日本の企業から80万円分、海外の企業から20万円分を購入していることになり、後者は日本の付加価値ではないからGDPに算入されないのである。そして、このような海外で生産された財・サービスに対する支出は大根だけでなく、ほかの消費、さらには投資や政府支出の中にも存在している。その合計額が輸入なのである。この輸入を支出額から除かないと、式（6-9）の左辺の支出額と右辺のGDPは一致しないはずである。そこで、輸入を式（6-9）の左辺から除くと次のようになる。

消費＋投資＋政府支出＋輸出－輸入＝GDP　　(6-10)

なお、「輸出－輸入」をまとめて純輸出と呼ぶこともある。

この式（6-10）は重要である。なぜならば、GDPが消費と投資、政府支出、純輸出の４つに分解できるということを表しているからである。さらに、支出面のGDPということは、買う側、つまり需要の面からGDPを考えていることになる。これらから次のことがわかる。経済成長を需要面から考えると、消費が大きく増えれば経済成長率は高くなるはずである。投資と政府支出、純輸出についても同様である。また、逆に経済成長率が高かった際に、その原因が消費なのか、それともほかの３つのうちのどれなのか、といった経済成長の需要面の原因を分析できるはずということになる。実際、ニュースでもどれが経済成長に貢献しているのか、何が足を引っ張っているのかといったことがよく報じられている。

C　分配面（所得面）のGDP

最後に、分配面（所得面）のGDPについてももう少し詳しくみてみよう。式（6-7）が示すように、財・サービスの生産に貢献した人々に支払われた対価（賃金など）の合計がGDPに等しい理由は、生み出された付加価値は必ず誰かの所得になるからである。図6-2の大根の例では、農家やスーパーで働いている人々には賃金が、農地や店舗の地主には地代が支払われる。これらは大根の供給において生み出された付加価値の一部である。さらに、残った付加価値もスーパーの株主への配当など、すべて残らず誰かに支払われることになる。これは大根だけでなく、GDPに含まれるすべての付加価値についていえることである。生産要素は労働と土地、資本であるから、次のような式（6-11）が成り立つことになる。

賃金＋地代＋配当（＋利子）＝GDP　　(6-11)

そして、左辺のうち賃金は労働所得、地代と配当、利子は資本所得というように大きく2つに分けることができる。現代では、多くの家計は労働とともに資本も供給しており、同じ家計が労働所得と資本所得の両方を受け取っているというのが一般的である。ただし、その割合は家計によって異なっている。たとえば、若い世代ほど資本所得の割合は低く、高齢世代ほど高い傾向にあったりする。

経済成長はGDPというパイが大きくなるという話であり、そのパイをどのように分けるのかという話は分配の問題となる。分配の問題は、経済格差や公平性と絡んで激しい議論の的となることが多い。しかし、パイが小さければどのような分け方をしても多くの人を満足させることは難しい。つまり、分け方と同じくらいパイを大きくすることも重要といえる。

推薦図書

- **アセモグル，D.・レイブソン，D.・リスト，J. 著/岩本康志監訳・岩本千晴訳『アセモグル／レイブソン／リスト　マクロ経済学』東洋経済新報社，2019.**

  第5章でGDP、第7章で経済成長を扱っており、豊富なデータと例を使って、わかりやすく説明されている。また、本書では説明しなかった内容、たとえば「地下経済」とGDPの関係なども取り扱っている。

- **飯田泰之・中里透『コンパクト　マクロ経済学（第3版）』新世社，2024.**

  タイトルの通り非常にコンパクトにまとめられており、各種の試験対策として要点を学ぶのに適している。付加価値やGDPについても簡潔に重要なポイントが説明されている。

第7章 物価

本章のポイント

1. 物価は、経済全体での財・サービスの価格水準となる。
2. 消費者物価指数は、一般的な家計が購入する代表的な財・サービスの価格水準を示す物価指数となる。
3. 物価が上昇すると、お金の価値は下がる。反対に物価が下落すると、お金の価値は上がる。
4. 物価水準が継続的に上昇することを、インフレーションと呼ぶ。反対に、物価水準が継続的に下落することを、デフレーションと呼ぶ。
5. 物価上昇率を加味した金利のことを実質金利（実質利子率）と呼ぶ。
6. 実質 GDP は、物価上昇の影響を取り除いた GDP となる。
7. 物価指数の求め方には、パーシェ方式とラスパイレス方式という2つの方法がある。

1 物価とは

物価は、経済全体での財・サービスの価格水準となる。個別の財・サービスの価格をさすものではない。

A 消費者物価指数

物価の指標として代表的なものに、消費者物価指数、企業物価指数、企業向けサービス価格指数、GDP デフレータがある。消費者物価指数（Consumer Price Index：CPI）は、一般的な家計（消費者）が購入する財・サービスの価格水準を示すものとなる。一般的な家計が購入する代表的なおよそ600種類の財・サービスの組み合わせによって構成されるバスケットを想定し、このバスケットを購入するのにかかる金額から指数を求める。指数の算出にあたっては、はじめに基準となる年（これを基準年と呼ぶ）に一般的な家計が購入する財・サービスの組み合わせを決めて、これらの財・サービスが入ったバスケットを基準年に購入する金額を計算する。次に、指数を算出する年（これを比較年と呼ぶ）に同じバスケットを購入する金額を計算する。そしてこの比較年におけるバスケットの購入金額が、基準年におけるバスケットの購入金額の何倍になるかを求める。消費者物価指数では、基準年におけるバスケットの購入金額を100として比較年の指数が表される（指数化される）。そのため比較年の消費者物価指数は、バスケットの購入金額が比較年では基準年の何倍になるかに100を掛けた値で示される。

$$\text{ある年(比較年)の消費者物価指数} = \frac{\text{比較年におけるバスケットの金額}}{\text{基準年におけるバスケットの金額}} \times 100 \tag{7-1}$$

消費者物価指数を公表している総務省統計局によると、2024年5月の消費者物価指数（全国）は、2020年（基準年）の値を100として、108.1となっている。図7-1はバスケットの中に、価格変化の比較的激しい生鮮食品とエネルギーを入れた消費者物価指数（総合）の動きである。2022年以降は

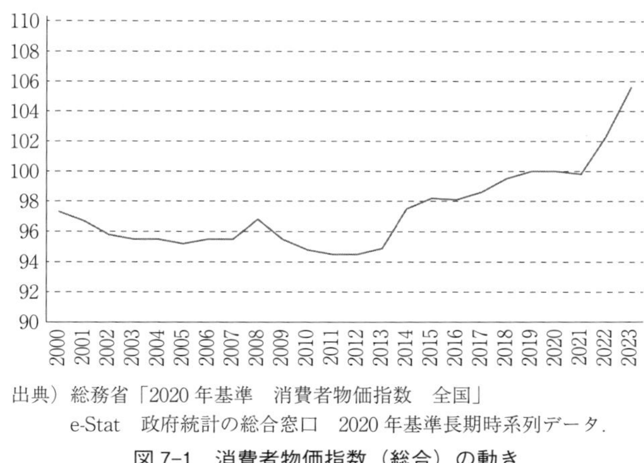

出典）総務省「2020 年基準 消費者物価指数 全国」
e-Stat 政府統計の総合窓口 2020 年基準長期時系列データ.

図 7-1 消費者物価指数（総合）の動き

一貫して、2020 年（基準年）の水準を上回っており、物価水準が上昇傾向にあることが読み取れる。

B 企業物価指数・企業向けサービス価格指数

企業物価指数（Corporate Goods Price Index : CGPI）は、企業間で取引される原材料など中間財の価格水準を示すものとなる。消費者物価指数の算出と同様に、企業間で取引される財の種類と数量を固定し、基準年の値を 100 として指数化される。

企業向けサービス価格指数（Services Producer Price Index : SPPI）は文字通り、企業向けサービスを対象とした物価指数である。両指数を公表している日本銀行によると、2020 年（基準年）を 100 として、2024 年 5 月の企業物価指数（国内企業物価指数）は 121.2、2024 年 4 月の企業向けサービス価格指数は 111.1 となっている。

C GDP デフレータ

GDP デフレータは、経済全体での価格水準をみるために GDP を利用した物価指標となる。一国である年に生産された最終財・サービスの合計金額が、同じ種類の最終財・サービスを同じ数量であらかじめ決めておいた年（基準年）に生産された場合の合計金額と比較して、何倍になっているかで求める。GDPデフレータによって、ある年に一国で生産された最終財・サービス全体の価格水準が、基準年の何倍になったのかを測ることができる。内閣府の公表によると、2023年のGDPデフレータは、2015年の値を100として、105.9となっている。2023年（比較年）の最終財・サービス全体の価格水準は基準年（2015年）の1.059倍となっていたことがわかる。

2 お金の価値と物価

A お金の価値と物価との関係

物価水準が変化すると、同じ金額のお金と交換できる財・サービスの量は変化する。物価が上昇し、たとえば物価水準が以前の2倍になると、同じ金額のお金と交換できる財・サービスの量は以前の半分になってしまう。すなわち、物価が上昇すると、お金の価値は下がることになる。反対に物価が下落し、たとえば物価水準が以前の0.5倍になると、同じ金額のお金と交換できる財・サービスの量は以前の2倍になる。すなわち、物価が下落すると、お金の価値は上がることになる。

このようにお金の価値は、物価と関わっている。お金を発行するのは国の中央銀行であり、日本の中央銀行は日本銀行である。1997年に改正（1998年施行）された現在の日本銀行法では、第1条において「日本銀行は、我が国の中央銀行として、銀行券を発行するとともに、通貨及び金融の調節を行うことを目的とする。」として、日本銀行が銀行券（お金）を発行するとしている。そして同法第2条において「通貨及び金融の調節を行うに当たっては、物価の安定を図ることを通じて国民経済の健全な発展に資することをもって、その理念とする。」とあり、日本銀行には物価の安定を図ることが求められている。これら第1条と第2条を合わせてみると、中央銀行である日本銀行には、発行する銀行券（お金）の価値の安定が求められているといえる。

B　インフレーションとデフレーション

物価水準が継続的に上昇することを、インフレーション（インフレ）と呼ぶ。そして物価の変化率、なかでも物価上昇率のことをインフレ率と呼ぶ。

$$\text{ある年のインフレ率（\%）} = \frac{\text{ある年の物価指数} - \text{前年の物価指数}}{\text{前年の物価指数}} \times 100 \tag{7-2}$$

インフレーションが発生すると、お金の価値は下がることになる。反対に、物価水準が継続的に下落することを、デフレーション（デフレ）と呼ぶ。デフレーションが発生すると、お金の価値は上がることになる。

3　お金の貸し借りと物価

物価は、お金の貸し借りにも関わってくる。貸したお金（債権）は、一定期間後に利子が付いて返ってくる。たとえば1万円を金利（利子率）1% で貸すと、一定期間後に100円の利子が付いて1万100円になって返ってくる。ここでお金を、お金と交換できる財・サービスの量に置き換えてみる。お金を貸したときに1つ100円の財・サービスの価格は、お金を貸している期間中に物価水準が変わらず、お金が返ってくるときにも1つ100円のままであるとする。貸す1万円をこの財・サービスに換えると100個になり、貸して一定期間後に返ってきた1万100円をこの財・サービスに換えると101個となる。お金を貸している期間中に物価水準が変わらなければ、お金を貸すことで、財・サービス1つ分の利子が付いて返ってくることになる。

しかし、お金を貸している期間中に物価水準が1% 上昇すると、財・サービスの量で測った利子は付いてこない。仮に、物価水準がお金を貸している期間中に1% 上昇すると、お金を貸したときに1つ100円の財・サービスの価格も、お金が返ってくるときには1% 上昇して1つ101円となる。

1万円を貸して、返ってきた1万100円をこの財・サービスに換えても100個のままとなり、1万円を貸しても財・サービスの量で測った利子は付いてこない。この場合1万円というお金を貸す際の金利を、お金と交換できる財・サービスの量で測ると0%となる。

お金を借りる側からみると、その借りたお金（債務）は、一定期間後に1%の利息を付けて返さなくてはならない。しかし、お金を借りている期間中に物価水準が1%上昇すると、返すときに財・サービスの量で測った利息を付けなくてもよいことになる。財・サービスの量で測った利息をみてわかるように、同一水準の金利による借り入れであっても、借り入れ期間中に物価水準が上昇するほど、その借り入れは楽になる。

4 実質と名目

A 実質金利と名目金利

前節で説明したように、1%の金利でお金の貸し借りをしても、貸し借り期間中の物価上昇率が1%になると、この貸し借りは金利が0%で行われたのと同じことになる。この0%という、物価上昇率を加味した金利のことを実質金利（実質利子率）と呼ぶ。他方、この貸し借りをする際の1%の金利のように、物価上昇率を加味していない金利のことを名目金利（名目利子率）と呼ぶ。実質金利と名目金利とのあいだには、次の関係がある。

$$\text{実質金利（実質利子率）} = \text{名目金利（名目利子率）} - \text{物価上昇率} \qquad (7\text{-}3)$$

B 実質GDPと名目GDP

金利に実質金利と名目金利とがあるのと同じように、GDPにも実質GDPと名目GDPとがある。GDPは一国で一定期間に生産された最終財・サービスの合計額である。最終財・サービスの合計額は、最終財・サービスの生産量に最終財・サービスの価格を掛けて求められる。異なる期間のGDPを比較するときには、実質GDPと名目GDPの両者を区別する必要がある。

最終財・サービスの合計額を求めるにあたり、名目GDPは、最終財・サービスが生産された年（比較年と呼ばれる）の価格を用いて計算される。他方、実質GDPでは、あらかじめ決めておいた年（基準年と呼ばれる）の最終財・サービスの価格を用いて計算される。最終財・サービスの生産量には名目GDP、実質GDPともに、比較年における生産量を用いる。実質GDPでは特定の年（基準年）の最終財・サービスの価格を使うことで、物価の変化に左右されないGDPを求めることができる。実質GDPは、物価上昇の影響を取り除いたGDPといえる。

ある年（比較年）の名目GDP
＝比較年の最終財・サービスの生産量×ある年の最終財・サービスの価格 （7-4）

ある年（比較年）の実質GDP
＝比較年の最終財・サービスの生産量×基準年の最終財・サービスの価格 （7-5）

ある年に最終財・サービスの価格が上昇するだけで、ある年の名目GDPの値は大きくなる。しかし、ある年の最終財・サービスの価格が上昇しても、最終財・サービスの生産量が基準年から変わらない限り、ある年の実質GDPの値が大きくなることはない。実質GDPには最終財・サービスの生産量の変化のみが反映されることになる。

先に説明したGDPデフレータは、これら実質GDPと名目GDPを用いて表される。GDPデフレータは、名目GDPを同じ年の実質GDPで割った値に、指数化のため100を掛けて求められる。生産された最終財・サービスの種類と数量を、GDPデフレータを求める年に生産された最終財・サービスの種類と数量に固定しておくことで、GDPデフレータは生産された最終財・サービスの価格が特定の年（基準年）からみて何倍になったのかを測ることができる。

$$\text{ある年（比較年）の GDP デフレータ} = \frac{\text{ある年（比較年）の名目 GDP}}{\text{ある年（比較年）の実質 GDP}} \times 100 \qquad (7\text{-}6)$$

5 パーシェ方式とラスパイレス方式

物価指数の求め方には、パーシェ方式とラスパイレス方式という2つの方法がある。1つの方法はGDPデフレータのように、物価指数を求める年（比較年）の財・サービスの種類と数量を用いて計算する方法である。GDPデフレータでは、物価指数を求める年に生産された最終財・サービスの数量に同じ年における最終財・サービスの価格を掛けて求める名目GDPを、基準年における最終財・サービスの価格を掛けて求める実質GDPで割り、指数化するために100を掛けて求める。物価指数を求める年（比較年）の財・サービスの数量を用いて計算する、こうした物価指数の求め方をパーシェ方式と呼ぶ。

$$\text{パーシェ方式で計算される物価指数} = \frac{\text{比較年の数量} \times \text{比較年の価格}}{\text{比較年の数量} \times \text{基準年の価格}} \times 100 \tag{7-7}$$

GDPデフレータ（パーシェ方式で計算される物価指数）

$$= \frac{\text{比較年に生産された最終財・サービスの数量} \times \text{比較年における最終財・サービスの価格}}{\text{比較年に生産された最終財・サービスの数量} \times \text{基準年における最終財・サービスの価格}} \times 100$$

$$= \frac{\text{比較年の名目GDP}}{\text{比較年の実質GDP}} \times 100 \tag{7-8}$$

他方、消費者物価指数のように、基準年にあらかじめ財・サービスの種類と数量を決めておく計算方法もある。消費者物価指数では、中に入れる財・サービスの種類と数量を基準年にあらかじめ決めたバスケットを、物価指数を求める年（比較年）に購入する金額が、同じバスケットを基準年に購入した場合の金額と比較して何倍になっているのかで求める。物価指数のこうした求め方をラスパイレス方式と呼ぶ。

ラスパイレス方式で計算される物価指数

$$=\frac{\text{基準年の数量}\times\text{比較年の価格}}{\text{基準年の数量}\times\text{基準年の価格}}\times 100 \tag{7-9}$$

消費者物価指数（ラスパイレス方式で計算される物価指数）

$$=\frac{\text{基準年に決めた財・サービスの数量}\times\text{比較年における財・サービスの価格}}{\text{基準年に決めた財・サービスの数量}\times\text{基準年における財・サービスの価格}}\times 100 \tag{7-10}$$

推薦図書

- **アセモグル，D.・レイブソン，D.・リスト，J. 著／岩本康志監訳・岩本千晴訳『アセモグル／レイブソン／リスト　入門経済学』東洋経済新報社，2020.**
- **アセモグル，D.・レイブソン，D.・リスト，J. 著／岩本康志監訳・岩本千晴訳『アセモグル／レイブソン／リスト　マクロ経済学』東洋経済新報社，2019.**

ともにアメリカの経済学の教科書であり、アメリカ経済を例に取った説明がなされている。厚みはあるが、その分、数値例などを用いつつ、丁寧な説明がなされている。

- **福田慎一・照山博司『マクロ経済学・入門（第5版）』有斐閣アルマ，2016.**

マクロ経済学の分野に絞られているために、データを用いつつ、詳細な説明がなされている。最初に読む書籍としては難しいと思うが、次の段階に進む準備として勧める。

第8章 失業

本章のポイント

1. 失業率はマクロ経済において重要な経済指標の1つである。
2. 失業者とは、働いていないだけでなく、仕事があればすぐその仕事につくことができ、1ヶ月以内に仕事を探す活動をしていた者のことである。
3. 近年では、労働市場の多様化により、失業者を含んだ「未活用労働」という指標が用いられることがある。
4. 競争的労働市場では、労働需要曲線と労働供給曲線によって均衡賃金と均衡雇用量が決まる。
5. 失業には、摩擦的失業と構造的失業がある。また、どの国でも失業率がゼロになることはなく、自然失業率の周辺の値をとる。

1 失業とは

A なぜ失業に注目するのか

この章で扱うテーマは失業である。「雇用」ではなく「失業」がマクロ経済指標として重要だといわれると、違和感を覚える読者もいるかもしれない。何よりも、働いている人ではなく、働いていない人に注目する経済学を苦手に思うことがあるかもしれない。しかし、失業者は必ずしも「働いていない人」をさしているわけではない。

その議論をする前に、マクロ経済指標としての失業率に注目する。**図8-1**は日本の失業率の推移である。これをみると、戦後下降傾向にあった失業率は第一次石油危機（1973年）で上昇に転じ、バブル経済崩壊後にも上昇していることがわかる。また、2000年代前半のいわゆるITバブルで低下したのちに、リーマンショック（2008年）によって上昇し、近年は低下傾向にある。このように、失業率はマクロ経済の動向を把握する助けとなる。

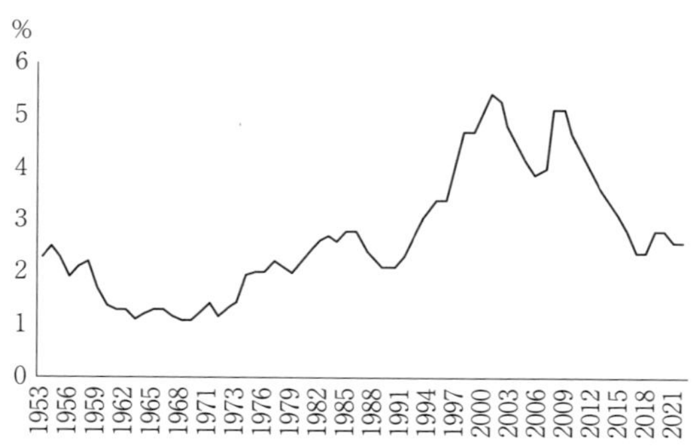

出典）総務省統計局『労働力調査』.

図8-1　日本の失業率の推移

B 失業の定義

それでは、失業の定義を行っていこう。日本の失業者は労働力調査によって次のように定義されている。それは、日本国内に居住する15歳以上（常住する外国政府の外交使節団・領事機関の構成員〔随員を含む。〕およびその家族や外国軍隊の軍人・軍属およびその家族を除く）のうち、①現在仕事についていない、②仕事があればすぐその仕事につくことができる、③1ヶ月以内に仕事を探す活動をしていた、のすべてを満たす者のことである。なお、日本では政府統計等で失業者のことを「完全失業者」と呼ぶ。また、仕事についている者のことを「就業者」と呼び、「就業者」と「完全失業者」を合わせたものを「労働力人口」と呼ぶ。さらに、現在仕事についていないが、②③のどちらか、もしくは両方の条件を満たさない者のことを「非労働力人口」と呼ぶ。非労働力人口には、学生や退職者、専業主婦（夫）が含まれる。その関係を整理し、2023年時点での人数を示したものが、図8-2である。

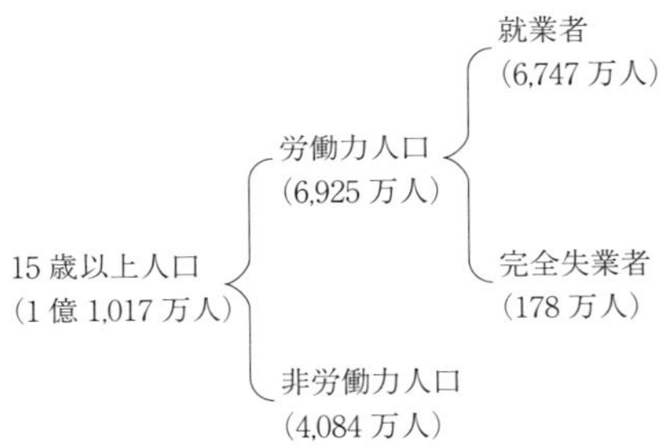

出典）総務省統計局『労働力調査』.

図8-2　15歳以上人口の分類（2023年時点の人数）

次に、完全失業率は式（8-1）の通り定義される。

$$完全失業率=\frac{完全失業者}{労働力人口}\times 100\% \tag{8-1}$$

2023年の完全失業率は式（8-2）になる。

$$\frac{178}{6,925}\times 100=2.6\% \tag{8-2}$$

同様に、よく用いられる統計指標として労働力率がある。労働力率は式（8-3）のように定義される。

$$労働力率=\frac{労働力人口}{15歳以上人口}\times 100\% \tag{8-3}$$

2023年の労働力率は式（8-4）になる。

$$\frac{6,925}{11,017}\times 100=62.9\% \tag{8-4}$$

これらはよく用いられる指標であり、その歴史も古い。しかし、近年では非正規雇用やパートタイム労働者が増加しており、雇用形態が多様化している。そのため、これらの指標だけでは労働状況を十分に把握しきれないという問題が指摘されている。そこで、「未活用労働」という指標が用いられるようになってきている。未活用労働とは、失業者に「時間関連不完全就業者」と「潜在労働力人口」を加えたものである。

まず、時間関連不完全就業者とは、①就業者である、②週35時間未満の就業時間である、③就業時間の追加を希望している、④就業時間の追加ができる、のすべてを満たす者のことである。ここには、現在のパートタイムではなくフルタイムでの就労を希望している者や、会社都合で時短勤務を行っている者などが含まれる。

次に、潜在労働力人口とは、就業者でも失業者でもない者のうち、仕事を探しているものの、すぐには働くことができない者や、働きたいけれども仕事を探していない者のことである。このうち、求職活動を行っており、すぐではないが2週間以内に就業できる者のことを「拡張求職者」と呼び、介護や育児、学業の関係ですぐには就業できない状況にある者が含まれる。また、潜在労働力人口のうち、1ヶ月以内に求職活動を行っていないが、就業を希望しており、すぐに就業できる者のことを「就業可能非求職者」と呼び、採用面接の失敗等の理由で求職を諦めた者（求職意欲喪失者）などが含まれる。

2 労働市場の構造

A 労働需要

どのように失業が生じるのかを理解するために、ここでは、労働市場について説明する。労働市場でも、第2章〜第4章で学んだ財・サービス市場と同様に需要と供給によって均衡が決まる。しかし、労働市場で労働を需要するのは企業であり、供給するのは家計であるため、財・サービス市場とは立場が逆になっている。

では、企業はどのようにして需要量を決定するのだろうか。**第3章**でみたように、企業は利潤を最大化しようとするため、最大の利潤を得られるだけの労働者を雇用する。それは、その労働者が生み出す収入とその労働者の雇用にかかる費用（賃金）との比較によって決定する。その労働者が生産する財・サービスの売上は、価格にその労働者の限界生産力を掛けることによって求められる。その値のことを労働の価値限界生産力と呼ぶ。たとえば、労働者が1人増えることによって1個400円のケーキの生産量が1日当たり90個増えるとき、その価値限界生産力は36,000円ということになる。このとき、労働者の1日当たりの賃金が36,000円よりも安ければ雇用するし、高ければ雇用しない。これを一般化して整理すると以下のようになる。

賃金＜労働の価値限界生産力：雇用者を増やす
賃金＞労働の価値限界生産力：雇用者を減らす　(8-5)

このように、賃金と労働の価値限界生産力から生産者が利潤最大化を行うための雇用量を考えると、

賃金＝労働の価値限界生産力：利潤最大化　(8-6)

となる水準で雇用することがわかる。さらに、**第3章**で学んだように、労働者が増加するほど限界生産力は減少する。縦軸に賃金（W）を、横軸に労働者数（L）を取ったときの労働需要曲線は、労働の価値限界生産力曲線と等しくなり、**図8-3**に示すように右下がりになる。

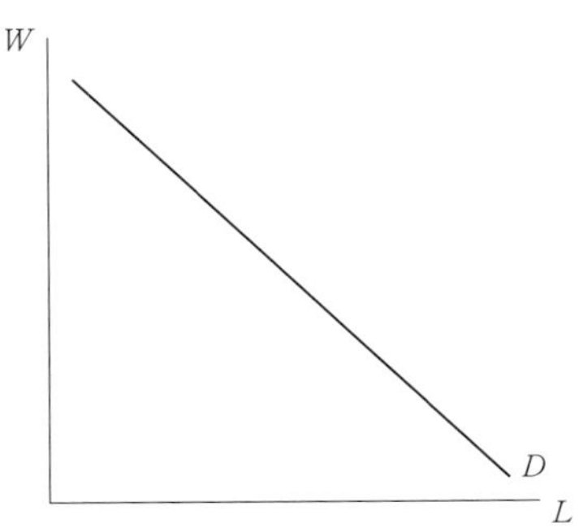

図8-3　労働需要曲線

B　労働供給

次に、家計はどのようにして労働供給量を決定するのだろうか。ここで、労働者の考えることは、限られた時間をどのように労働と余暇に分けるかということである。要するに1時間当たりの賃金を消費に使うことによって得られる満足度と、1時間好きなことを行うことによって得られる満足度を比べたときに、賃金を消費に使うことによって得られる満足度の方が高ければ労働を供給し、そうでなければ労働を供給しない。つまり、賃金が高ければ働きたいと考える人は増加し、賃金が低ければ働きたいと考える人は減少する。そのため、縦軸に賃金（W）を、横軸に労働者数（L）を取ったときの労働供給曲線は、図8-4に示すように右上がりになる。

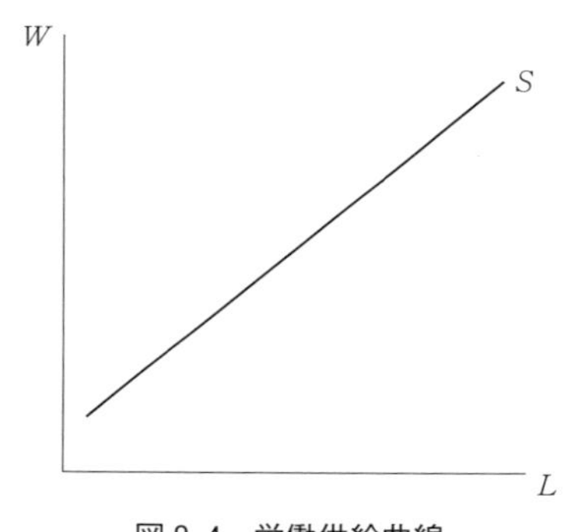

図8-4　労働供給曲線

C　競争的労働市場の均衡

労働市場における需要曲線と供給曲線について説明をしたので、その2つを組み合わせることによって、競争的労働市場で何が起こっているのかについてみていく。図8-5は縦軸に賃金（W）を、横軸に労働者数（L）を表している。労働需要曲線はDであり、労働供給曲線はSで表されている。このとき、需要曲線と供給曲線が交わる点Eで需要量と供給量が一致している。この交点Eを労働市場均衡、このときの賃金W_Eを均衡賃金、労働者数L_Eを均衡雇用量という。このとき、働きたいと考える労働者はすべて働くことができている。

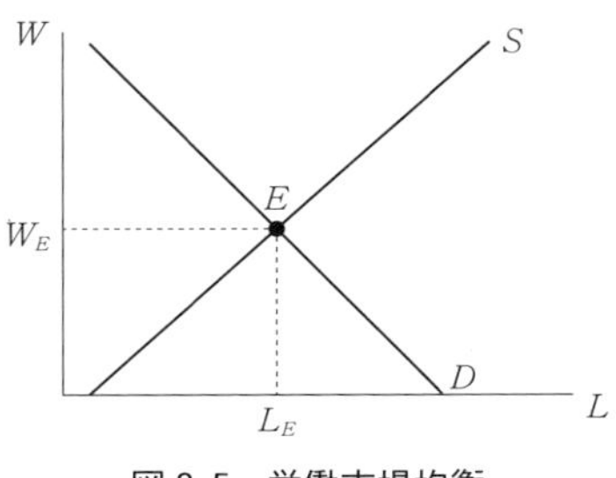

図 8-5 労働市場均衡

3 失業の原因

A 摩擦的失業

競争的労働市場では、均衡賃金で働きたいと思った労働者が「すぐ」に働くことができるということを仮定していた。しかし、実際の労働市場ではそのようなことはない。労働者は自分に合った仕事を探し、希望の職をみつけたら、履歴書を送り、面接を受けなければならない。もちろん、このような求職活動（ジョブ・サーチ）は1回で上手くいくこともあれば、何度も行わなければならないこともある。このように、求職活動に時間が掛かることによって生じる失業のことを摩擦的失業と呼ぶ。

B 構造的失業

摩擦的失業は、調整に時間がかかっているだけなので、いつかは解決をする。しかし、多くの国の労働市場では賃金が均衡賃金を上回る水準で設定されており、超過供給によって失業が生じている。そのような失業のことを構造的失業と呼ぶ。構造的失業が生じる背景には、大きく①最低賃金法、②労働組合、③効率賃金、④賃金の下方硬直性、の4つの理由がある。

[1] 最低賃金法

まず、最低賃金法についてである。日本を含めたほとんどの国で、時間給の最低水準は法律によって決められている。一部の例外的な場合を除いて、一般的に最低賃金は均衡賃金よりも高い水準に設定されるため、超過供給が生じる。図 8-6 は最低賃金法のある労働市場を示している。このとき、最低賃金 $\underline{W}$ は、市場の均衡賃金 W_E を上回っており、最低賃金で働きたい労働者数 $\underline{L}_S$ が、最低賃金で企業が雇いたい労働者数 $\underline{L}_D$ を上回っており、$\underline{L}_S - \underline{L}_D$ だけの失業が生じている。このように最低賃金法がある場合、競争市場でみられたような、賃金が下降することによって、均衡水準に達することは生じない。一方で実際には、最低賃金で働く労働者はどの労働市場でも多くないことから、最低賃金法が失業に与える影響は限定的であることが知られている。

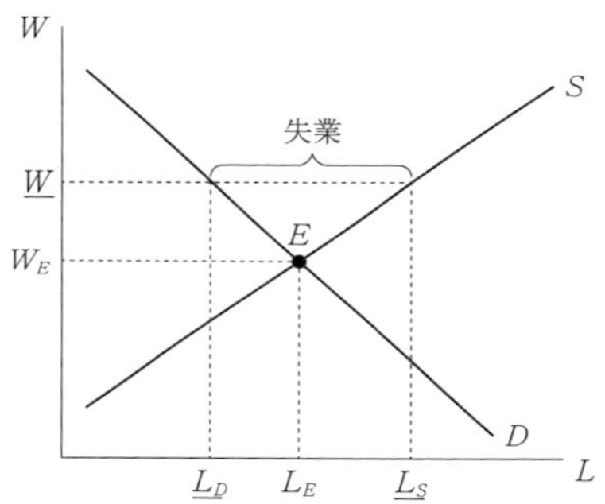

図 8-6　最低賃金のある労働市場

[2] 労働組合

次に労働組合の存在が労働市場に与える影響についてである。労働組合とは、組合員（今働いている労働者）のためにより良い就業環境、賃金、福利厚生等を求めて団体交渉を行う組織である。団体交渉を経て決定された賃金水準は、均衡賃金を上回るため、組合員の賃金水準は上昇するが、非組合員の就職を困難にしてしまい失業が生じる。

[3] 効率賃金

賃金水準が均衡賃金を上回る要因は、法律や労働者からの要求だけではない。企業が自ら望んで均衡賃金を上回る賃金水準を設定することがある。そのような賃金のことを効率賃金と呼ぶ。フォード・モーター創業者のフォード（Ford, H.）が採用したこの賃金についての考え方は、他社よりも高い賃金を払うことによって①離職率を低下させ、②解雇による金銭的損失を増加させることでサボタージュを回避し、③労働者のモチベーションを高めることで生産性を向上させることが期待されている。また、高い賃金水準は採用希望者の質の向上にもつながることが期待される。

[4] 賃金の下方硬直性

最後に、賃金の下方硬直性とは、労働者は自分の賃金が下がることを受け入れないということである。仮に業績の悪化等で、企業が賃金水準を低下させると、効率賃金のときとは逆のことが起こり、生産性は低下する。そのため、多くの企業では業績悪化の際には、賃金水準を低下させるのではなく、人員整理によって費用の削減を図るため失業が生じる。

C 自然失業率と循環的失業

ここまで説明してきた摩擦的失業と構造的失業は労働市場に常に存在している。さらに図 8-1 でみたように日本の失業率は変動しており、その変動はマクロ経済状況の影響を受けている。そのため経済学では、常に存在している失業と、マクロ経済状況の影響を受けて生じた失業とを区別している。常に存在している失業のことは「自然失業（率）」と呼び、現実の失業率と自然失業率との差のことを「循環的失業（率）」と呼ぶ。循環的失業率は、一般的に景気が悪化している局面では上昇し、景気が良くなると下降する。

自然失業率はその労働市場の特徴を反映しており、法による高すぎる最低賃金や、強すぎる労働組合を持つ労働市場では高くなる傾向がある。そのため、全く勝手に、まさに「自然」に決まった失業率ではない点に注意が必要である。

また、循環的失業にも摩擦的失業と構造的失業が含まれる。景気が悪化している局面では、求人が減少し労働者は希望の職をみつけることが困難になり、摩擦的失業は増加する。また、賃金の下方硬直性の説明でみたように、景気の悪化による業績悪化は構造的失業を増加させる。

推薦図書

- **アセモグル，D.・レイブソン，D.・リスト，J. 著／岩本康志監訳・岩本千晴訳『アセモグル／レイブソン／リスト　マクロ経済学』東洋経済新報社，2019.**

  アメリカのスター教授たちによる世界的なベストセラーテキストである。豊富な事例とデータに基づく実証的な解説を加えることで、伝統的なテキストとは異なる視点を学習者に与えている。

- **川口大司編『日本の労働市場―経済学者の視点』有斐閣，2017.**

  日本のスター教授たちによる日本の労働市場ついての専門書。日本の労働市場の特徴に注目しながら、豊富なデータ分析で根拠に基づく労働市場、労働政策の解説を行っている。

第9章 均衡所得の決定

本章のポイント

1. 価格が硬直的、つまり価格調整メカニズムが働かない状況で財・サービス市場が均衡するには、数量による調整が行われる。
2. ケインズが提唱した有効需要の原理では、支出を伴う総需要である有効需要の大きさに基づいて、総生産（総供給）の大きさが決まると考える。
3. 政府主導の有効需要創出政策は、ケインズ政策と呼ばれる。
4. 財・サービス市場における総需要と総供給が一致するときの所得を均衡所得という。
5. 財・サービス市場の均衡所得が完全雇用所得に満たないとき、政府支出を拡大させたり、減税を行い有効需要を創出することで、均衡所得を拡大させる。

1 有効需要の原理

財・サービス市場における均衡は、需要と供給とが等しくなるときに実現する。経済全体ではいろいろな企業が、さまざまな財・サービスを生産しようとする。こうして生産される財・サービスを経済全体で1つにまとめ上げたものが、総供給となる。他方、さまざまな財・サービスをまとめ上げたものに対して、経済の各部門から生じる需要を合計したものが総需要となる。

価格が硬直的な状態で財・サービス市場が均衡するには、数量調整が行われる。**図9-1**に示す通り、総需要が総供給を上回る超過需要が発生しても財・サービス価格が上昇しづらい状況や、総供給が総需要を上回る超過供給が発生しても財・サービスの価格が下落しづらい状況を、価格が硬直的であるという。このように価格調整メカニズムが十分に働かない状況では、数量の変化で財・サービス市場の不均衡が調整される。

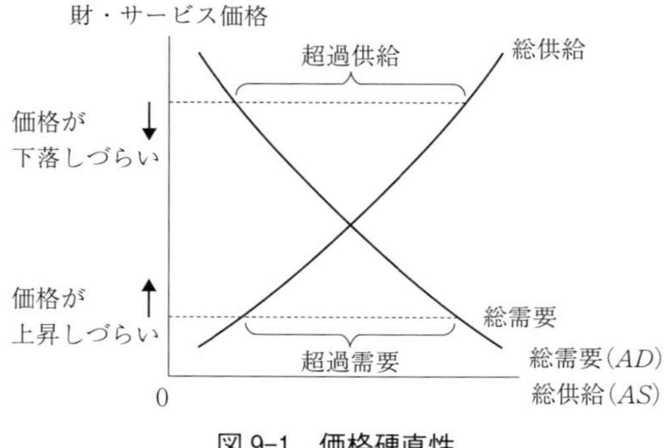

図9-1 価格硬直性

イギリスの経済学者ケインズ（Keynes, J. M.）は、有効需要の大きさが、経済の総生産・所得（総所得）・雇用量を決定するという考え方を提唱した。この考え方を有効需要の原理という。有効需要とは、支出を伴う総需要を指す。また、経済の総生産は総供給を指す。有効需要の大きさに基づいて総生産が決まると考えるのが、有効需要の原理である。

ケインズは世界大恐慌後の、1930年代の不況と大量失業者発生の原因は、価格調整メカニズムが十分には働かないこと、つまり市場の機能が不完全なことにあると説いた。その上でケインズは、政府が積極的に経済に介入し、有効需要を作り出すべきであると主張した。総生産を増やし、雇用量を増やすには、公共事業などによって有効需要を創出する必要があると主張した。

2 均衡所得

総需要ADは、海外との取引がなければ、家計から生じる財・サービスへの需要である消費C、企業から生じる財・サービスへの需要である投資I、そして政府から生じる財・サービスへの需要である政府支出Gの合計として次のように表される。

$$AD=C+I+G \tag{9-1}$$

A ケインズ型消費関数

家計から生じる財・サービス需要である消費Cは、可処分所得に依存して次のように決まるとする。可処分所得は、所得Yから租税Tを引いたものをいう。

$$C=C_0+c(Y-T) \tag{9-2}$$

これをケインズ型消費関数と呼ぶ。ケインズ型消費関数をC_0を40、cを0.6、Tを10として数値例で表すと、

$$C=40+0.6\ (Y-10)$$

となる。ケインズ型消費関数では可処分所得$(Y-T)$が増えると、消費Cも増える。可処分所得の係数cは、可処分所得が1単位増えた場合の、消費増加分を表し、限界消費性向と呼ばれる。

この限界消費性向cの値は0よりも大きく、1よりも小さい$(0<c<1)$とされる。限界消費性向cが0よりも大きいのは、可処分所得が増えると、消費も増えることを表している。そして限界消費性向cが1よりも小さいの

は、可処分所得の増加分よりも、消費の増加分が小さいことを表している。定数項 C_0 は可処分所得がゼロであっても行われる消費を指し、基礎消費と呼ばれる。

B 均衡所得の求め方

上に挙げた総需要の式に、ケインズ型消費関数を代入すると次のようになる。

$$AD = C_0 + c(Y - T) + I + G \qquad (9\text{-}3)$$

ケインズ型消費関数が示す通り、可処分所得（$Y-T$）が増えれば消費 C が増えるのと同様に、可処分所得が増えれば総需要 AD も増える。総需要の式を I を 120、G を 70 として数値例で表すと

$$AD = 40 + 0.6\ (Y - 10) + 120 + 70$$

となる。

財・サービス市場の均衡は、総供給 AS が総需要 AD に等しくなる状態である。

$$AS = AD$$

三面等価の原則により、総生産、つまり総供給は、所得 Y と一致する。そこで、財・サービス市場の均衡を総需要の式と合わせて表すと次の通りになる。

$$Y = C_0 + c\ (Y - T) + I + G \qquad (9\text{-}4)$$

財・サービス市場が均衡しているときの所得は、上式を満たすように決定される。上式を満たす所得の水準は（財・サービス市場の）均衡所得と呼ばれる。

数値例を用いると、財・サービス市場の均衡は次の通りになる。

$$Y = 40 + 0.6\ (Y - 10) + 120 + 70$$

左辺の総供給、つまり産出高は所得と一致することから所得と同じ Y としている。

財・サービス市場が均衡しているときの所得（均衡所得）は、次のように表される。

$$Y = \frac{C_0 - cT + I + G}{1 - c} \qquad (9\text{-}5)$$

均衡所得を数値例で表すと次の通りになる。

$$Y = 40 + 0.6\ (Y - 10) + 120 + 70$$

$$Y = 40 + 0.6Y - 6 + 190$$

$$0.4Y = 224$$

$$Y = 560$$

C　乗数効果

有効需要の原理のもとでは総需要の大きさが、総供給、つまり総生産の大きさを決める。総需要の構成要素である投資 I を増やすと総生産も増える。三面等価の原則より総生産は所得と等しくなることから、投資の増加は所得も増やす。

投資の増加は所得を増やすが、投資増加分が所得を同量分増やして終わりではない。投資増加による所得 Y の増加は可処分所得（$Y - T$）の増加でもある。可処分所得の増加はケインズ型消費関数が示している通り、消費をも増やす。この消費もまた、総需要の構成要素の１つであり、消費増加が総生産、そして所得を増やしていく。

こうして生まれる所得増加分を足し合わせていくと、その大きさは最初の投資増加分よりも大きくなる。最初の段階では投資増加分と同じだけ所得が増えるが、次の段階では投資増加による所得増加から生じた消費増加分と同じ所得増加分が加わる。さらにその次の段階では所得増加による消費増加により、所得が増加するという具合に、所得の増加が続くこととなる。これが投資増加による所得増加への乗数効果となる。

3　政府支出拡大の効果と減税の効果

ケインズは所得水準の低迷や高い失業率が発生する原因を、総需要の不足にあるとした。政府がそのときの判断に応じて政府支出や租税を裁量的に変化させることで、所得水準に影響を与える政策は、財政政策と呼ばれる。

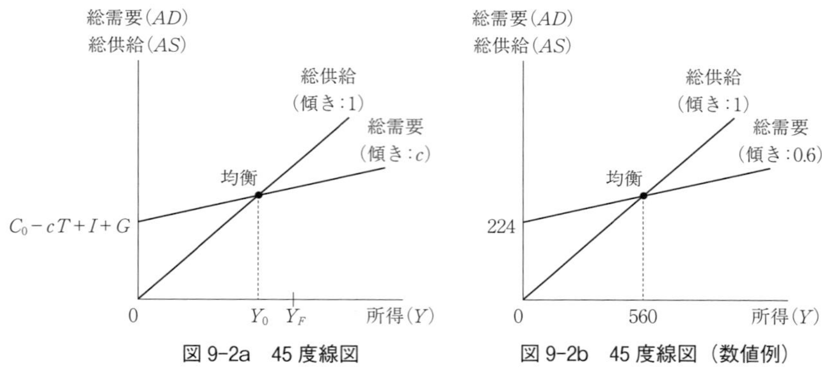

図9-2a　45度線図　　**図9-2b　45度線図（数値例）**

ここでは45度線図モデルを使って、政府支出拡大や減税といった財政政策の効果をみていく。

総需要を構成する投資 I や政府支出 G が大きくなると、均衡所得も大きくなる。

図9-2a は、均衡所得を図示したものとなる。横軸には所得 Y を、縦軸には総需要 AD と総供給（総生産）AS とを同時にとっている。総需要のグラフは、縦軸の切片の大きさが基礎消費から限界消費性向に租税を掛けたものを除いた C_0-cT、投資 I、政府支出 G の合計 $C_0-cT+I+G$ となり、傾きが限界消費性向 c の直線として描かれる。総供給のグラフは、総生産と所得とが等しくなるという関係から、原点からはじまって傾きが1の直線として描かれる。この傾きが1である総供給のグラフは、横軸との成す角度が45度になることから45度線と呼ばれる。そして、これら総需要と総供給のグラフからなる図を45度線図という。総需要のグラフと総供給のグラフとの交点が財・サービス市場の均衡を表している。この均衡に対応する所得 Y_0 が（財・サービス市場の）均衡所得であり、その大きさは、

$$\frac{C_0-cT+I+G}{1-c}$$

となる。この均衡所得 Y_0 は、数値例を用いた**図9-2b** では560となる。

A　乗数効果と政府支出拡大

図 9-2a には、Y_0 の他に Y_F という所得水準が示されている。この Y_F という所得水準で労働の完全雇用が達成されるとする。Y_F は完全雇用所得（完全雇用 GDP）と呼ばれる。均衡所得 Y_0 が完全雇用所得 Y_F に足りていないことから、均衡所得 Y_0 では失業が発生している。

完全雇用を達成する方法の１つとして、有効需要の原理に基づく、政府が主導する支出を伴った需要（有効需要）の創出が挙げられる。ケインズの主張した、こうした政府主導の需要創出政策はケインズ政策と呼ばれ、過去には不況時に実施されてきた。例として、アメリカのルーズベルト大統領によるニューディール政策が挙げられる。

政府支出を ΔG だけ拡大させると、均衡所得は

$$\frac{C_0 - cT + I + G + \Delta G}{1 - c} \tag{9-6}$$

と表わされる。

政府支出を ΔG だけ拡大させるときの新しい均衡所得を図示する。図 9-3a では総需要のグラフが政府支出の拡大分である ΔG だけ上方にシフトする。総需要グラフの上方シフトとは、総需要のグラフの傾きは c のままで変わらず、政府支出拡大分 ΔG だけ縦軸の切片が上がる、総需要グラフが平行移動することをいう。総供給のグラフは政府支出が拡大しても動かない。政府支出拡大の結果、均衡所得が Y_0' へと増える。

新しい均衡所得 Y_0' は、

$$\frac{C_0 - cT + I + G + \Delta G}{1 - c}$$

となる。新しい均衡所得は、政府支出拡大前と比べて、$\frac{\Delta G}{1-c}$増える。数値例を用いたグラフは図 9-3b となる。総需要のグラフは、政府支出拡大分 ΔG を 10 とすると、10 だけ上方シフトする。その結果、新しい均衡所得 Y_0' は 585 となる。

均衡所得は政府支出増加分 ΔG の$\frac{1}{1-c}$倍増加する。この$\frac{1}{1-c}$を乗数、あるいは政府支出乗数と呼ぶ。限界消費性向 c が 0 より大きく 1 より小さい

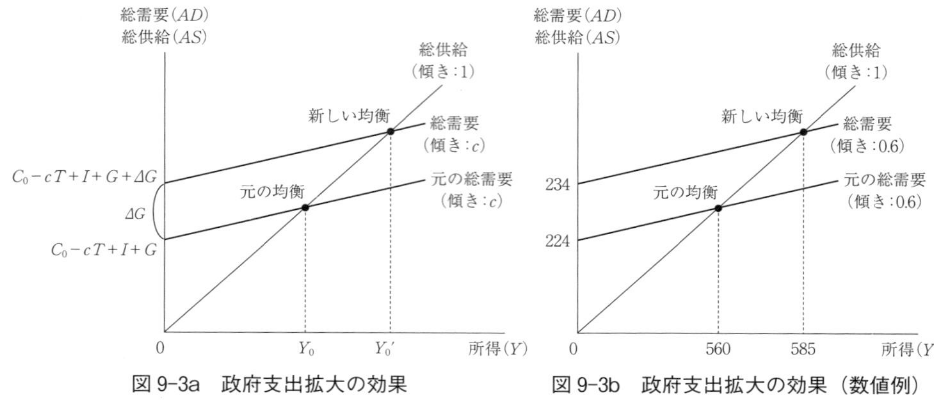

図 9-3a 政府支出拡大の効果

図 9-3b 政府支出拡大の効果（数値例）

$(0<c<1)$ ので、乗数の分母となる $1-c$ も0より大きく1より小さくなる $(0<1-c<1)$ ことから、乗数は1よりも大きくなる。したがって、政府支出拡大による均衡所得の増加分は、政府支出拡大分よりも大きくなる。数値例で均衡所得は560から585へと25増加する。均衡所得は、政府支出拡大分である10の2.5倍増加する。したがって数値例での乗数（政府支出乗数）は2.5となる。

B 減税の効果

労働の完全雇用を達成するには政府支出拡大のほかに、租税 T を減らす方法もある。租税を ΔT だけ減らす（減税をする）と可処分所得が ΔT だけ増えるので、ケインズ型消費関数によると、消費が $c\Delta T$ だけ増える。消費の増加は総需要を拡大させることで総供給（総生産）を増やし、同時に所得も増加させる。

こうした減税によって得られる新しい均衡所得は、

$$\frac{C_0-cT+c\Delta T+I+G}{1-c} \tag{9-7}$$

と表される。ΔT の減税前と比べて、均衡所得は $\dfrac{c\Delta T}{1-c}$ だけ増加する。均衡

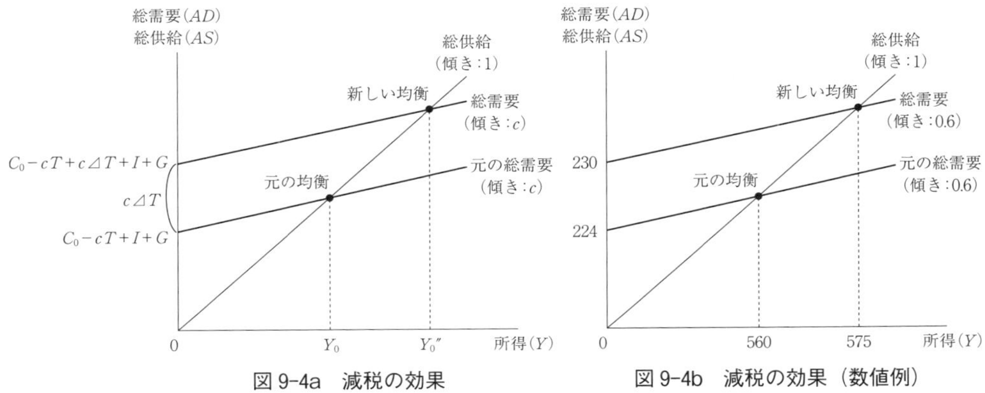

図 9-4a　減税の効果

図 9-4b　減税の効果（数値例）

所得は、減税分である$\varDelta T$の$\dfrac{c}{1-c}$倍増加する。この$\dfrac{c}{1-c}$を租税乗数と呼ぶ。

数値例で租税を 10 から 0 へと 10 だけ減らすとする。新しい均衡所得は

$$Y=40+0.6\ (Y-0)+120+70$$

より、575 となる。均衡所得は 15 増加する。均衡所得の増加分は減税分である 10 の 1.5 倍となる。したがって数値例での租税乗数は 1.5 となる。

推薦図書

- **マンキュー，N. G. 著／足立英之・石川城太・小川英治・地主敏樹・中馬宏之・柳川隆訳『マンキュー経済学Ⅱ　マクロ編（第 4 版）』東洋経済新報社，2019.**
  本章の内容は、財政政策が総需要に与える影響として説明がなされている。
- **アセモグル，D.・レイブソン，D.・リスト，J. 著／岩本康志監訳・岩本千晴訳『アセモグル／レイブソン／リスト　マクロ経済学』東洋経済新報社，2019.**
  本章の内容は、裁量的な財政政策として説明がなされている。
- **福田慎一・照山博司『マクロ経済学・入門（第 5 版）』有斐閣，2016.**
  有効需要の原理について、ケインズ経済学として説明がなされている。

第10章 金融システム

本章のポイント

1. 金融は、資金に余裕がある主体（資金余剰主体）から、資金が不足している主体（資金不足主体）へ資金を融通することをいう。
2. 貨幣には、決済機能、価値尺度機能、そして価値貯蔵機能という、3つの機能がある。
3. 貨幣の範囲として、現金通貨と預金通貨までを含むM1や、準通貨と譲渡性預金（CD）までを含むM3が挙げられる。
4. 金利は、融通される資金に対して受け取る利子（支払われる利息）の比率を指す。
5. 金利は信用市場における信用需要量と信用供給量との関係で決まる一面を持つ。
6. 日本銀行は日本の中央銀行であり、発券銀行として、そして「銀行の銀行」としての役割を果たすほか、金融政策を実施する。

1 金融とは

A 金融の役割

金融とは、お金の貸し借りをすること、お金を融通し合うことを指す。お金に余裕のある主体（資金余剰主体）から、お金が不足している主体（資金不足主体）へ、お金が融通される。金融は、資金余剰主体の貯えと資金不足主体の投資との間を橋渡しする機能を果たしてもいる。この機能は、金融の資金仲介機能と呼ばれる。

B 直接金融と間接金融

資金不足主体が資金余剰主体から直接、資金を融通してもらう仕組みを、直接金融という。具体的には、資金不足主体が株式や債券を発行し、資金余剰主体に直接、それらの株式や債券を買ってもらうことで資金を調達する仕組みを直接金融という。

他方、資金不足主体が、銀行（預金取扱金融機関）から借り入れる形で資金を調達する仕組みのことを、間接金融という。銀行（預金取扱金融機関）は資金余剰主体から預金という形で資金を受け入れ、資金不足主体に貸出（融資）を行う。銀行が貸出にまわす資金には、銀行自身の資金ではなく、資金余剰主体から銀行が受け入れた預金が用いられる。

つまり「直接」と「間接」という用語は、資金余剰主体と資金不足主体とが互いに、直接に資金を融通し合うか、それとも銀行を介して間接に融通し合うかの区別からきている。

直接金融は、資金不足主体である資金の借り手が発行する借用証書を、資金余剰主体である貸し手が直接受け取ることになる仕組みであるともいえる。資金の借り手は資金を借りる際、利息支払いや元本の返済を約束した証書を、資金と引き換えに貸し手に渡す。借り手側からみれば、この証書は借用証書、あるいは債務証書であり、借り手にとっては金融負債となる。この証書は、貸し手にとっては借り手に将来の支払いを請求できる権利を表わしたものであり、金融資産となる。借用証書には、債券、預金証書、手形などがある。

C 国全体でみた資金余剰主体と資金不足主体

日本銀行が公表している資金循環統計は、日本全体で、経済部門間での資金融通状況をみることのできる統計となる。**表 10-1** は資金循環統計から、2010 年 3 月末と 2022 年 3 月末時点における金融資産・負債残高表の一部を抜粋したものとなる。それぞれの部門（この統計では6つの部門）で「資産」のところに挙げられている金額が金融資産残高、言い換えれば他の部門に融通している資金の残高を表している。他方、「負債」のところに挙げられている金額は金融負債残高、言い換えれば他部門から調達している資金残高を表している。

表 10-1　金融資産・負債残高表（2010 年 3 月末時点及び 2022 年 3 月末時点）（抜粋）（単位：億円）

	2010 年 3 月末		2022 年 3 月末	
	資産	負債	資産	負債
家計	15,433,915	3,141,907	20,558,756	3,826,631
非金融法人企業	7,719,051	12,391,222	14,226,364	20,833,473
一般政府	5,352,773	10,024,944	7,758,797	14,365,906
金融機関	28,520,255	28,242,359	49,204,737	48,171,607
対家計民間非営利団体	414,636	259,788	667,424	307,149
海外	3,181,209	5,877,245	9,111,425	13,480,425

出典）日本銀行「資金循環統計」より一部抜粋.

各部門で「資産」のところに挙げられている金額が、「負債」のところに挙げられている金額を上回っていれば、その部門は全体で資金余剰状態にあることを、反対に下回っていれば、資金不足状態にあることを示している。**表 10-1** をみると、家計部門は資金余剰状態にあるが、企業部門（非金融法人企業）と政府部門（一般政府）は資金不足状態にあることが読み取れる。

2 貨幣とは

お金について経済学では貨幣という言葉を用いる。

A 貨幣の機能

経済学では次の3つの機能を果たすものを貨幣と呼ぶ。3つの機能とは決済機能（交換機能）、価値尺度機能、価値貯蔵機能である。これら3つの機能は経済活動にとって重要な機能である。

欲しいモノやサービスを手に入れるには、モノやサービスの対価を支払う義務が生じる。つまり、モノやサービスの価値に見合った債務を負うことになる。モノやサービスを提供する側は対価を受け取る権利、つまり債権を持つ。貨幣などの受け渡しを行うことで自分と相手との間の債権・債務関係を解消し、取引関係を終了することを決済という。決済に用いる手段・決済機能を持つものを決済手段といい、それを受け渡すことで取引が完了したと認められるものである。決済手段は取引において、さまざまなモノやサービスと交換できる。自分と潜在的な取引相手との間に決済機能を持つものがないと、取引は直接的な交換（物々交換）でしか成立しない。決済機能を持つもの（貨幣）が存在しなければ、自分が欲しいモノやサービスを相手が持っていて、かつ相手も自分が持っているモノやサービスが欲しいという欲望の二重一致がないと取引は成立しない。決済機能を持つもの（貨幣）が存在することで、自分が持っているモノやサービスを欲しがっている相手に貨幣と交換に渡し、自分はその貨幣を使って、欲しいモノやサービスを持っている相手から手に入れることができる。これが貨幣の決済機能である。

そして、もし貨幣が存在しなかったなら、モノやサービスの価値を測る尺度が数多く必要になる。n種類のモノやサービスが存在するなら、あるモノあるいはサービスの価値を表すのにn−1個の尺度が必要になる。貨幣が存在すれば、貨幣という単一の尺度を使ってモノやサービスの価値を表すことができる。これが貨幣の価値尺度機能である。

また、貨幣が存在せず、劣化しやすいモノやサービスしか手に入れられない場合に、入手したモノやサービスはすぐに消費しなくてはならない。貨幣ならば劣化しないので、消費を先延ばしにできるし、万が一の場合に備えて、蓄えておくこともできる。これが貨幣の価値貯蔵機能である。

B　貨幣の範囲

貨幣と聞いてまず思い浮かべるのは紙幣と硬貨、つまり現金であろう。すぐに現金化しやすい普通預金も、現金同様のものと捉えられる。現金と普通預金などが、貨幣の最も狭い範疇に入る。日本銀行が公表しているマネーストック統計では、現金通貨と預金通貨をまとめてM1（エムワン）としている。現金通貨は、紙幣（日本銀行券）発行高と硬貨流通高の合計となる。預金通貨は、普通預金や当座預金などからなる要求払預金を指す。

マネーストック統計にはM1の他に、M3（エムスリー）という貨幣の範疇もある。M3は現金通貨と預金通貨に、準通貨と譲渡性預金（CD）を加えたものとなる。準通貨は定期預金などを指す。定期預金は満期を迎えるまで引き出すことができない預金ではあるが、場合によっては中途解約も可能であり、預金通貨に近い性質を持つ。

マネーストック統計によると、2023年7月中の平均で、M1は1,071兆円、M3は1,594.6兆円となっている。

また貨幣に関連するものとして、マネタリーベースがある。日本銀行はマネタリーベースを使って、貨幣量をコントロールしようとする。マネタリーベースは、日本銀行当座預金残高と紙幣（日本銀行券）発行高、硬貨流通高からなる。

3　金利

A　金利とは

貨幣の価値貯蔵機能により、貨幣を持つ者は、貨幣を今は使わずに将来使う、つまり収入を得るタイミングに縛られることなく支出することが可能になる。貨幣を今は使わずにいる者は、貨幣を自分の手元に置いたまま将来使うのか、今は他者に使ってもらい、将来戻ってきたものを使うのか、いずれかを選択できる。「手元にある貨幣を今は他者に使ってもらうがその貨幣が将来戻ってくる」とは、貨幣を一定期間貸すことである。貸した貨幣（元本）は将来、上乗せされた金額で貸し手に戻ってくるが、元本への上乗せ分を利子という。貨幣を一定期間貸すことで、貸し手（資金余剰主体）は利子を得る。この貸した貨幣（元本）に対する利子の比率が金利（利子率）である。

他方で、貨幣の借り手（資金不足主体）は貨幣を借りることで、手元にある貨幣だけではできなかった支出ができるようになる。貨幣の借り手は借りた貨幣（元本）に上乗せをした金額で、将来返さなくてはならない。この元本への上乗せ分を利息という。借りた貨幣（元本）に対する利息の比率も金利（利子率）である。

B　信用需要と信用供給

金利が高くなる、つまり同じ借入額に対して支払わねばならない利息額が大きくなると、貨幣の借入にかかる費用が増える。したがって金利が高くなると、借り手は借入をためらうようになり、借入を行おうとする借り手は減っていく。借り手が借りる貨幣は信用（クレジット）と呼ばれる。信用に対する需要（信用需要）は、金利の減少関数として表される。図10-1には金利と信用需要との関係を示す信用需要曲線が描かれている。

貨幣の潜在的な貸し手、つまり手元に貨幣がある者は、その貨幣を手元に置いたままにしておくか、貸すかを選択する。金利が高くなると、同じ貸出額に対して受け取る利子額が増える。これは将来、貨幣が借り手から

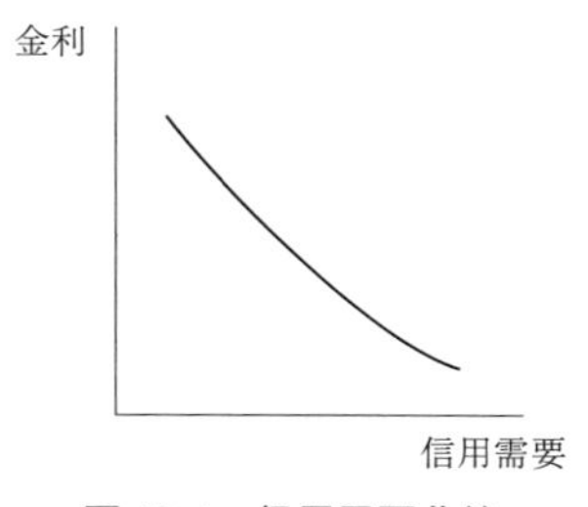

図10-1　信用需要曲線

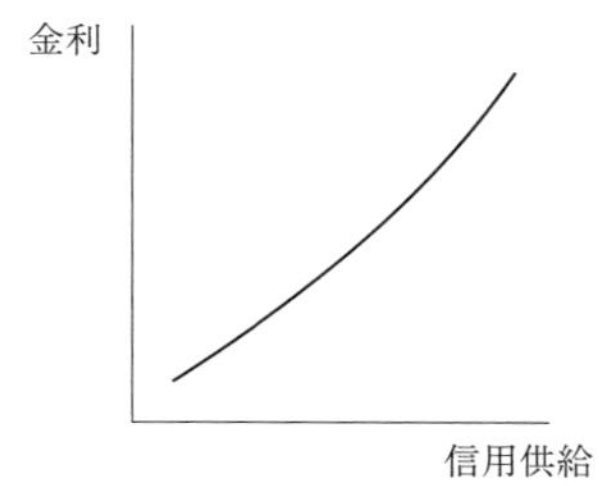

図10-2　信用供給曲線

戻ってきたときに支出できる金額が増えることを意味する。将来に支出できる金額が増えることは、貨幣を手元に置いたままにしておくことの機会費用が増えることを意味する。したがって、金利が高くなると、貸出にまわす貨幣が増える、つまり信用の供給（信用供給）が増えることになる。信用供給は、金利の増加関数として表される。図10-2には金利と信用供給との関係を示す信用供給曲線が描かれている。

信用需要と信用供給とが釣り合う状態が、信用市場における均衡となる。信用市場が均衡しているときの金利を（信用市場の）均衡金利と呼ぶ。図10-3には信用需要曲線や信用供給曲線とともに、均衡金利が示されている。

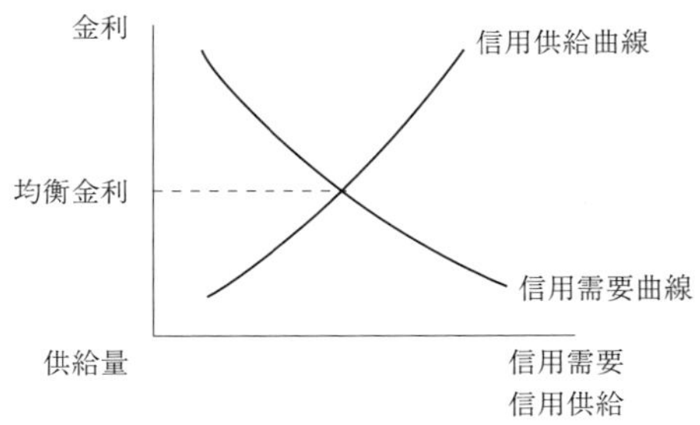

図10-3　信用市場均衡

ところで、一般に景気が良い状態というのは、モノやサービスへの需要が高まっている状態をいう。モノやサービスを手に入れるには貨幣が必要で、モノやサービスへの需要が高まると、信用需要も高まることになる。こうした信用需要の高まりは、同一の金利水準における信用需要量の増加となる。図10-4に示した通り、信用需要の高まりは信用需要曲線を右方向にシフトさせ、その結果、（信用市場の）均衡金利は上昇する。

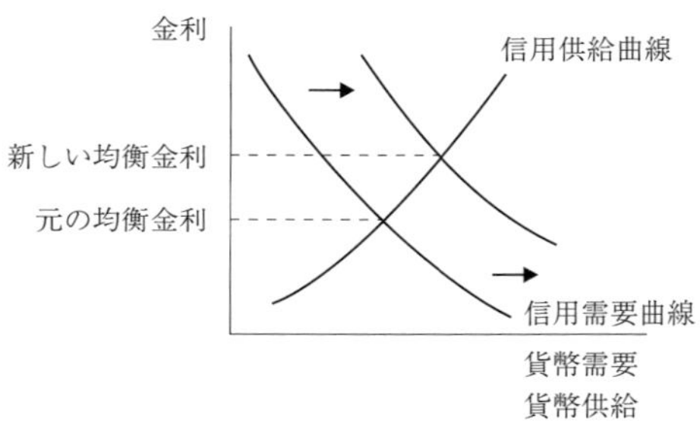

図 10-4　好況時における信用需要の高まり

C　債券と金利

貨幣を持つ者は手元にある貨幣を他者に貸す代わりに、その貨幣で債券を購入することもできる。債券は貨幣の借り手が発行する借用証書である。借り手はこの借用証書を、貨幣を持つ者に買ってもらうことで貨幣を手に入れる。そして将来、あらかじめ決められた期日が来た際に、借用証書を買った者に貨幣を返さなくてはならない。借り手が債券の買い手に、借りた貨幣を返すことを償還という。

債券の額面とは、債券の償還時に返さなくてはならない金額にあたる。他方、債券価格は、債券を買ってもらうときの債券の価格をいう。貨幣の借り手にとって、債券の額面と債券価格との差が利息にあたる。

債券の額面が10万円で、債券価格が9万8,000円であれば、貨幣の借り手は9万8,000円を借り、将来、2,000円の利息を付けて、10万円を返すことになる。この場合の金利は9万8,000円に対する2,000円の比率であるから、約2.04%（=2,000÷98,000×100）となる。債券価格が下落し、仮に9万7,000円になると、金利は約3.09%（=3,000÷97,000×100）となる。債券価格と金利は、債券価格が下落すると金利は上昇し、反対に債券価格が上昇すると金利が下落する関係にある。

4　中央銀行の役割

A　発券銀行

日本銀行法はその第1条（目的）において「日本銀行は、我が国の中央銀行として、銀行券を発行するとともに、通貨及び金融の調節を行うことを目的とする。」として、日本銀行が日本の中央銀行であること、そして紙幣（日本銀行券）の発券銀行としての役割を持つことを明記している。

B　銀行の銀行

日本銀行には発券銀行という役割のほか、「銀行の銀行」としての役割がある。貨幣が持つ3つの機能のうち決済機能を支えるのが決済システムである。決済システムは、預金による決済を行うためのネットワークシステムであり、民間決済システムと中央銀行決済システムから構成される。

預金による決済には、貨幣の受取人と支払人だけでなく、それぞれが預金口座を持つ銀行も関わる。支払人Aが受取人Bに対して支払いをする必要が発生したとする。支払人AはX銀行に、受取人BはY銀行に預金口座を持つ。預金による決済では、X銀行にある支払人Aの預金口座とY銀行にある受取人Bの預金口座との間で資金の移動にあたる振込が行われる。

振込では支払人AがX銀行に対して、自分の口座にある資金を、Y銀行にある受取人Bの口座に振り込むよう指図する。そしてX銀行が受け取った支払いの情報が、Y銀行に伝えられる。その結果、X銀行にある支払人Aの口座の残高は減り、減った分だけY銀行にある受取人Bの口座の残高が増える。銀行同士でこうした処理を行うのが民間決済システムである。受取人Bの口座の預金残高が増えたところで、支払人Aから受取人Bへの支払いが行われたことになる。しかしX銀行とY銀行との間での取引はまだ終わっていない。

銀行が受け入れる預金は、預金者による将来の引き出しに応じるという約束のもと、銀行が資金を預かるものである。銀行への預金は、預金者から銀行への貸付であり、銀行にとっては借金にあたる。先の支払人Aから受取人Bへの支払いで、X銀行にある支払人Aの口座の残高が減ったが、これはX銀行の借金を減少させたことになる。同時にY銀行にある受取人Bの口座の残高が増えたが、これはY銀行の借金を増加させたことになる。このままではX銀行の借金は減少したが、Y銀行の借金は増加した状態になっている。こうした両銀行の借金の増減を調整するために、X銀行からY銀行に対して資金の移転が行われる必要がある。資金の移転には、各銀行が日本銀行に預けている資金が使われる。

日本の中央銀行である日本銀行は、日本国内にある銀行から預金を受け入れている。これが日本銀行の「銀行の銀行」としての役割の1つである。日本銀行が銀行から受け入れている預金を日本銀行当座預金という。

X銀行とY銀行は日本銀行当座預金を使って、支払人Aから受取人Bへの振込額に見合った調整を行う。支払人AのX銀行での預金残高減少に相当する金額が、X銀行の日本銀行当座預金残高から差し引かれる。そして受取人BのY銀行での預金残高増加に相当する金額が、Y銀行の日本銀行当座預金口座に移される。日本銀行当座預金口座を用いての、資金のこうした移し替えによって、民間決済システムで発生した各銀行の借金の増減は解消される。こうした処理を行う、銀行と日本銀行との間の決済システムが中央銀行決済システムである。

C 金融政策

日本銀行法第1条（目的）で、日本銀行は通貨及び金融の調節、つまり金融政策を行うとしている。そして同法第2条（通貨及び金融の調節の理念）で「日本銀行は、通貨及び金融の調節を行うに当たっては、物価の安定を図ることを通じて国民経済の健全な発展に資することをもって、その理念とする。」としている。日本銀行による通貨及び金融の調節、つまり金融政策は、貨幣量や金利水準を変化させることで、経済を健全に発展させることを目指している。

日本銀行はマネタリーベースの量の舵取りをすることで、貨幣量（マネーストック）を調節しようとする。たとえば貨幣量を増やすには、日本銀行がマネタリーベースを増やす方向に舵を取る。

そして貨幣量を動かすことで、日本銀行は金利水準を調節しようとする。金利水準は先に見た通り、信用市場における信用需要と信用供給との関係

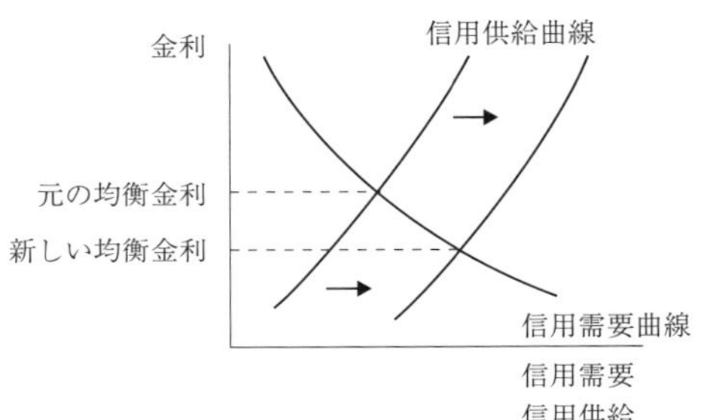

図 10-5　貨幣量の拡大

から決まるという一面を持っている。金融政策の実施にあたっては、貨幣量が増えると、信用供給も増えるとの想定がなされている。図 10-5 には再び、信用需要曲線と信用供給曲線を描いている。信用供給の拡大は信用供給曲線を右方向にシフトさせる。その結果、(信用市場の) 均衡金利は下落することになる。

金利が下がれば、借り手は貨幣を借りやすくなる。モノやサービスを手に入れるのに必要な貨幣が手に入りやすくなることで、モノやサービスへの需要が高まることが期待される。反対に金利が上がると、借り手は貨幣を借りづらくなり、モノやサービスへの需要が落ちると考えられる。

推薦図書

- **アセモグル，D.・レイブソン，D.・リスト，J. 著／岩本康志監訳・岩本千晴訳『アセモグル／レイブソン／リスト　入門経済学』東洋経済新報社，2020.**
- **アセモグル，D.・レイブソン，D.・リスト，J. 著／岩本康志監訳・岩本千晴訳『アセモグル／レイブソン／リスト　マクロ経済学』東洋経済新報社，2019.**
- **マンキュー，N.G. 著／足立英之・石川城太・小川英治・地主敏樹・中馬宏之・柳川隆訳『マンキュー経済学Ⅱ　マクロ編（第 4 版）』東洋経済新報社，2019.**

  いずれもアメリカで発行された書籍の翻訳本のため、アメリカの金融システムについても学べる。
- **福田慎一・照山博司『マクロ経済学・入門（第 5 版）』有斐閣，2016.**

  貨幣量の推移が示されている。

第11章 データ分析の基礎

本章のポイント

1. 経済学では、データを用いることによって、理論の正しさや、政策の効果を評価している。
2. データの代表値として、「平均値」、「分散」、「最頻値」、「中央値」がある。
3. データから、仮説が正しいかどうかを判断するための方法として、仮説検定という手法が用いられる。
4. 2つのデータの関係性を示すものに「相関係数」があるが、相関があるということは、因果関係があるということを意味しない。

1 経済学とデータ

A なぜデータ分析が必要なのか

経済学では今まで学んできた経済理論が正しいかどうかを、経済モデルを用いて検証を行う。その検証に用いられるのがデータである。このようにデータを用いて検証を行うことは「実証分析」と呼ばれる。

実証分析が明らかにすることは、過去の結果（データ）をもとに、そのモデルが傾向的に正しいかどうかということである。たとえば、「大卒の男性は、高卒の男性よりも年収が高い」、「失業率の高い地域では犯罪発生率が高い」、「年収の高い人の方が健康である」といったことを検証することが可能になる。

さらに、新たな政策を実施する際には、その政策の実施の前後でデータを比べることで、その政策の効果を評価することが可能になる。その例としては、「政府の少子化対策によって出生率は変化したか」、「高等教育無償化により大学進学率は上昇したか」、「高齢者医療費の自己負担率引き上げは総医療費の削減につながったか」ということについて、データを用いて検証することで、その政策が有効であったかどうかということを評価することが可能になる。

また、このような政策評価では、全国一律で実施することに莫大な予算がかかるような政策の場合、モデル地域を選定して先行実施することで効果が確認されたもののみを全国展開するといった手段をとることが可能となる。逆に、効果の確認されなかった政策については、別の手段を用いることで政策課題の解決を図るということも可能となる。実際に途上国支援の現場では、このような手法がしばしば用いられている。

このように、証拠（エビデンス）に基づいて政策形成を行うことをEBPM（証拠に基づく政策立案）と呼び、限られた政策資源（財源や人員など）の有効活用を図るという点から、多くの国々で近年その重要性が高まっている。また、政策評価を行うためには、政策とその結果が単なる相関関係ではなく、因果関係であることも重要となる。

B データの整理

データは、その対象や集め方によって呼ばれ方が異なる。個人のアンケート調査やテストの点数などのデータは個人の情報を集めたデータなので個票データと呼ばれる。一方で、そのような個人の情報を国単位や都道府県単位、クラス単位で平均をとって集めたものは集計データと呼ばれる。

データの集め方では、1時点で複数の対象の情報を集めたデータのことを横断面データ（クロスセクション・データ）と呼び、それとは異なり、同一の対象を継続的に追いかけ、異なる時点での情報を集めたデータのことを時系列データ（タイムシリーズ・データ）と呼ぶ。また、クロスセクション・データとタイムシリーズ・データの両方の性質を持つデータをパネル・データと呼ぶ。パネル・データは複数の対象の異なる時点での情報を集めたものなので、より精度の高い分析を行うことができる。**表 11-1** では、データの例を示している。自分の身の回りのデータがどこに当てはまるかを考えてみると良い。

表 11-1 データの例

	横断面データ	時系列データ	パネル・データ
個票データ	○○大学の各学生の勉強時間	自分の身長の年別推移	中学校のあるクラス40人の定期テストの合計点の推移
集計データ	東京都内の私立大学別の学生の平均勉強時間	日経平均株価の日別推移	都道府県別平均所得の推移

しかし、どのようなデータであれ、それ自体は数字の羅列にしか過ぎないので、それらを整理し、理解しやすいようにまとめる必要がある。**表 11-2** には、あるクラス 40 人の数学のテストの点数が示されている。

表 11-2 数学のテストの点数（40 人）

95	95	92	77	70	74	82	92	70	61
80	85	47	82	82	87	82	57	77	90
84	85	80	72	87	85	72	66	90	95
85	100	90	16	82	74	87	14	95	67

これを度数分布表にまとめると**表11-3**のようになる。度数分布表は、データの範囲をいくつかの階級に分け、その階級に入っているデータの数（度数）をまとめたもので、相対度数、累積度数が示されている。これをみると、81〜90点の間が最も多く16人（40%）おり、次に71〜80点の間の学生が多いことがわかる。

表11-3　度数分布表

階級	度数	相対%	累積%
0〜10	0	0.00%	0.00%
11〜20	2	5.00%	5.00%
21〜30	0	0.00%	5.00%
31〜40	0	0.00%	5.00%
41〜50	1	2.50%	7.50%
51〜60	1	2.50%	10.00%
61〜70	5	12.50%	22.50%
71〜80	8	20.00%	42.50%
81〜90	16	40.00%	82.50%
91〜100	7	17.50%	100.00%

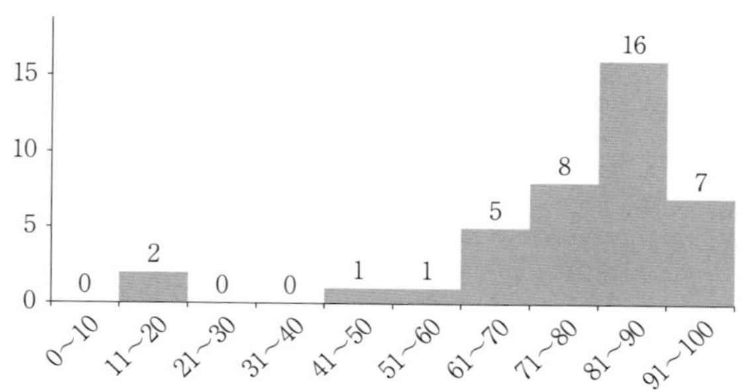

図11-1　ヒストグラム

度数分布表をグラフにしたものが、**図11-1**のヒストグラムと呼ばれるものである。このグラフでは、縦軸に度数が、横軸に階級が示されており、数学のテストの点数がどのように分布しているかをあらわしている。

このように度数分布表とヒストグラムはデータの分布について視覚的な理解の助けになる。ただし、データについて見るときそれだけでは不十分である。そこで、次に代表値について説明する。

代表値として最も身近でよく用いられるものが「平均値」である。n個の観測値からなるデータ（$x_1, \cdots x_n$）の平均値は次のように定義される。

$$\bar{x} = \frac{1}{n}(x_1 + \cdots + x_n) = \frac{1}{n}\Sigma_{i=1}^{n} x_i \tag{11-1}$$

ここで、Σ（シグマ）は足し算をするという意味で、$\Sigma_{i=1}^{n} x_i$は、x_1からx_nまでをすべて足すという意味である。

また、データがどの程度散らばっているのかをあらわしたものは「分散」と呼ばれ、次のように定義される。

$$\sigma^2 = \frac{1}{n}\{(x_1 - \bar{x})^2 + \cdots + (x_n - \bar{x})^2\} = \frac{1}{n}\Sigma_{i=1}^{n}(x_i - \bar{x})^2 \tag{11-2}$$

分散は、各観測値と平均との差の2乗の合計を観測数で割ったものである。平均からの距離が大きくなればなるほど分散は大きくなるので、分散が大きいほど、データのばらつきが大きいということになる。

そのほかの代表値として、最も多くのデータが集中している値のことを「最頻値」、n個のデータを大きさの順に並べたときに、ちょうど中央に位置するものを「中央値」と呼ぶ。なお、nが奇数のときは、$(n+1)/2$番目のデータが、nが偶数のときは、$n/2$番目のデータと$(n+2)/2$番目のデータの平均値が、中央値となる。

C　母集団と標本

データを扱うとき、そのデータがどのように集められたかは非常に重要である。データを調査によって集めるとき、その対象となっている人や企業などの集団のことを「母集団」と呼ぶ。この母集団のすべてについて調査することを全数調査（センサス、悉皆調査）と呼び、国勢調査や経済センサスがある。当然のことながら、全数調査の結果は、調査対象についての正確な情報となる。

しかし、実際にすべての対象について調査することは、費用などさまざまな理由から難しい。その場合、母集団の代表値を調べるためにまず母集団から標本を抽出する。このように抽出された標本全体のことをサンプル、その大きさ（観測値の数）のことをサンプルサイズと呼ぶ。そして、その標本から得られた代表値を母集団の代表値の代理とする。このような作業のことを「統計的推論」と呼ぶ。

もちろん、標本抽出は正しい方法で行われなければ、母集団の特徴（母集団分布）を反映した標本にはならない。母集団の特徴を正しく反映する抽出方法として、「無作為抽出法（ランダム・サンプリング）」がある。これは、母集団に含まれる調査対象者が選ばれる確率を等しくした上で、標本を選ぶ方法である。無作為抽出法には、このような単純無作為抽出法のほかに、「多段抽出法」や「層化抽出法」があり、多くの社会調査ではこれらの手法が用いられることが多い。

2 仮説検定とは

A 帰無仮説と対立仮説

ここまで、データの整理方法として代表値と、データの集め方として無作為抽出法についてみてきた。これらは、経済学においてデータ分析を行うときの基本となる。では、はじめに紹介したような政策効果の評価をみるときに、「効果がある」ということは、どのように確認することができるだろうか。「効果がある」ことを平均値に差があることでみるとすると、どの程度の差があったときに「効果がある」と言って良いのだろうか。そのための考え方についてみていくこととする。

たとえば、「補習が数学の成績に影響するのか？」を明らかにするとき、この問いを「補習を行うと成績が上がる」としたものを仮説と呼ぶ。この仮説が正しいかどうかについてデータを用いて判断することを仮説検定と呼ぶ。

データを用いて、仮説検定を行うとき、仮説の立て方に少し工夫が必要になる。たとえば、「補習を行うと成績が上がる」について調べるためには、はじめに「補習を行うかどうかは成績に影響がない」という仮説を立てる。そして、この仮説が正しくないことをデータから明らかにすることで、「補習を行うかどうかが成績に影響する」ということが明らかになったとする。

このとき、「補習を行うかどうかは成績に影響がない」という仮説を帰無仮説、「補習を行うかどうかが成績に影響する」という仮説を対立仮説と呼ぶ。

このような工夫が必要になる理由は、石炭の山の中にダイヤモンドがあるかどうかを確認するときのことを考えてみると良い。ダイヤモンドをみつけることができれば「ある」といって良いが、ダイヤモンドがみつからなかったとき「ない」ということはできない。それは、「そもそもダイヤモンドがなかった」のか「ダイヤモンドが本当はあるのだけれどもみつけられなかった」のか、判別ができないからである。効果についても同様で、「効果がある」ことはいえるが、効果がない場合に「本当に効果がなかった」のか、「本当は効果があるのだけれども確認することができなかった」のか、の判別はできない。そのためにデータ分析では、効果が「ない」と仮定した上で、それを否定（棄却）することで効果が「ある」ということを判断する。

ここからは、仮説検定の具体的な方法について説明する。補習を行うことの効果をみるために、補習を受けた10人の学生に対して、補習前と補習後で同じ難易度のテスト（100点満点）を実施した点数を**表11-4**に示す。

表11-4　補習前後のテストの点数

学生	A	B	C	D	E	F	G	H	I	J
前	70	61	80	45	47	82	70	87	65	50
後	70	65	79	50	53	79	65	95	61	62
変化	0	4	−1	5	6	−3	−5	8	−4	12

ここで、補習の効果はあったといえるだろうか。変化をみると、点数が上がっている学生が5人、下がった学生が4人、変化していない学生が1人いる。ここで、テストの点数の変化について平均を求める。

$$\frac{0+4-1+5+6-3-5+8-4+12}{10}=2.2 \tag{11-3}$$

この2.2点という平均的なテストの点数の上昇が0と異なるかどうかを確認する。ここで、同じ2.2点でも100点満点のテストと10点満点のテストとでは意味が異なるため、この平均点を「標準化」する必要がある。各学生の点数の変化分が平均μ、分散σ^2の母集団分布に従っているとすると、この標本平均$\overline{X}$の標準化されたものは、以下のようになる。

$$\frac{\overline{X}-\mu}{\sqrt{\sigma^2/n}} \quad (11\text{-}4)$$

この標準化された標本平均から、テストの点数の変化が 0 かどうかを判断することになる。ここで、「補習を行うかどうかは成績に影響がない」という帰無仮説は母集団分布の平均が 0、つまり$\mu=0$を確認することになる。帰無仮説をH_0であらわすと、

$$H_0 : \mu=0 \quad (11\text{-}5)$$

と書くことができる。

このとき、10 人の学生の平均的なテストの点数の変化は 2.2 点なので、$\mu=0$のときに、2.2 点の変化がよくあることならば帰無仮説は否定（棄却）されないということになり、補習の効果はなかったということになる。一方で、$\mu=0$のときに、2.2 点の変化がめったにないことならば帰無仮説は否定（棄却）されるということになり、補習の効果はあったということになる。

B 分布と検定

「よくあること」か「めったにないこと」かを判断するために必要な、標準正規分布、カイ 2 乗分布と t 分布について説明する。そのために、確率変数についてみてみることとする。確率変数とはそれぞれの値が起きる確率が割り振られている変数のことをさす。

表 11-5 確率変数の例

事象	変数	確率
1 等	1	0.1
2 等	2	0.2
3 等	3	0.3
4 等	4	0.4

表 11-5 でみると、福引で「1 等」を 1、「2 等」を 2、「3 等」を 3、「4 等」を 4 とすると、1～4 が確率変数となる。

連続確率変数 X の確率密度関数が

$$f_x(X)=\frac{1}{\sqrt{2\pi\sigma^2}}\,e^{-\frac{1}{2\sigma^2}(x-\mu)^2} \tag{11-6}$$

のとき、「確率変数 X は平均 μ、分散 σ^2 の正規分に従う」という。ここで、平均が0、分散が1のものを標準正規分布と呼び、図 11-2 のように示される。ここで、重要なことは標準正規分布とは、平均が0、分散が1の左右対称のいわゆるベル型の分布であるということである。ここで、当然だが分布で囲まれた部分の面積は1となる。

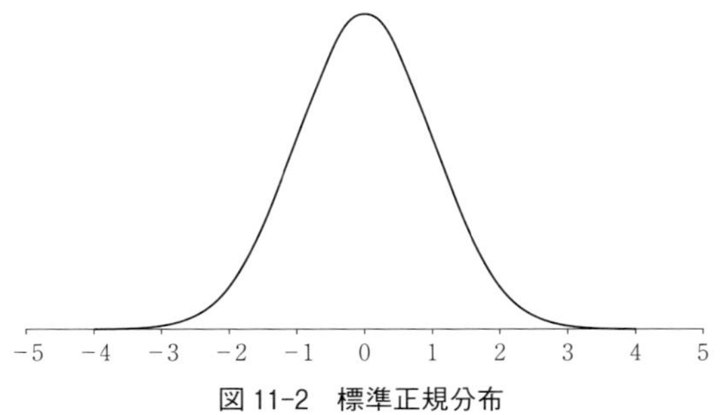

図 11-2 標準正規分布

次にカイ2乗分布についてみることとする。標準正規分布に独立に従っている n 個の確率変数を2乗して足したものは、自由度 n のカイ2乗分布に従うという。ここで、自由度とは「変数のうち自由に選ぶことのできるものの数」のことをいい、このときは確率変数の数と等しくなる。

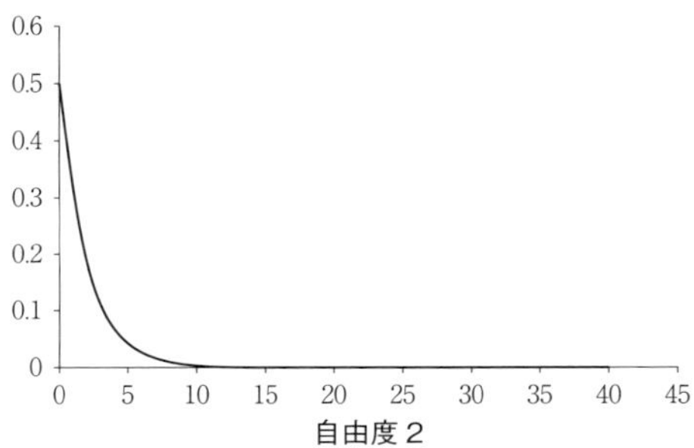

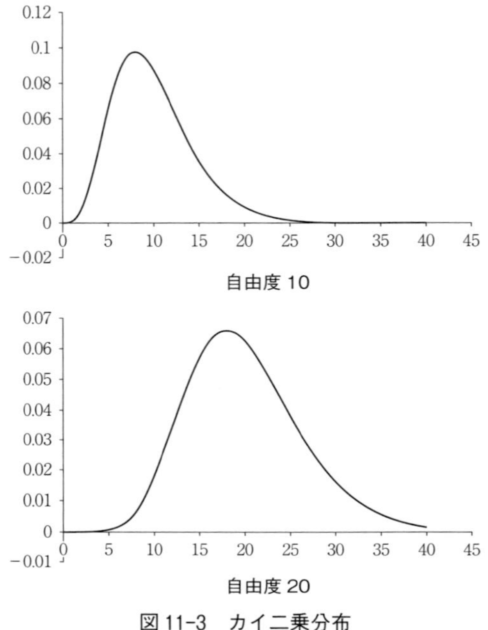

図11-3 カイ二乗分布

最後は、t分布である。Zを標準正規分布に従う確率変数、WとZとは独立に自由度 n のカイ2乗分布に従う確率変数とすると、

$$\mathrm{T} = \frac{Z}{\sqrt{W/n}} \sim \mathrm{t}(\mathrm{n}) \tag{11-7}$$

は、自由度 n のt分布に従うことが知られている。t分布は標準正規分布に似ているが、自由度 n が小さいときには分布の裾が厚くなり、n が無限大のとき、標準正規分布と等しくなる。

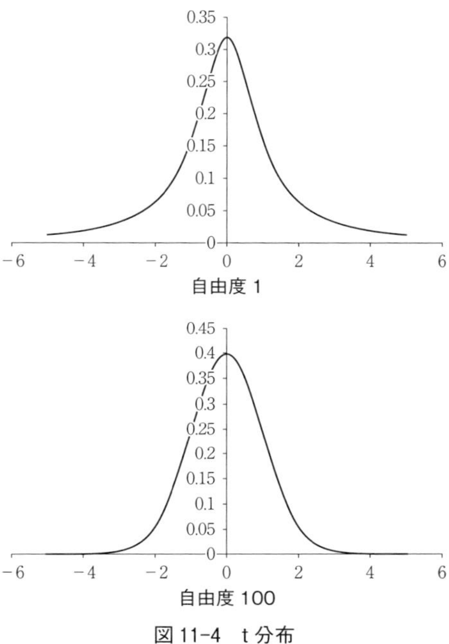

図 11-4　t 分布

さて、前項でみた「平均的なテストの点数の変化は 2.2 点」となることが、「よくあること」か「めったにないこと」か判断する。このとき、母集団の分散はわからないので、標本から求めた分散 s^2 を用いると、点数の平均を標準化したものは自由度 $n-1$ の t 分布に従うことが知られている。

$$\frac{\overline{X}-\mu}{\sqrt{\sigma^2/\mathrm{n}}} \sim \mathrm{t}(9) \tag{11-8}$$

この標本分散を用いて標準化した標本平均を t 検定量と呼び、さらに帰無仮説 $\mu=0$ を代入した t 検定量と t 分布表から、そのようなことが起きる確率が大きければ「よくあること」、小さければ「めったにないこと」と判断する。ここで、標本平均と標本分散、標本サイズを代入すると、このときの t 値は 1.23 となる。このとき、確率 P（$T \geq 1.23$）を計算すると帰無仮説が正しいときの自由度 9 の t 分布の確率密度関数は図 11-5 のようになる。確率変数 T が 1.23 以上になる確率は、1.23 よりも右側の部分の面積になる。計算するとこの面積は、0.125 となる。つまり、10 人の平均的なテストの

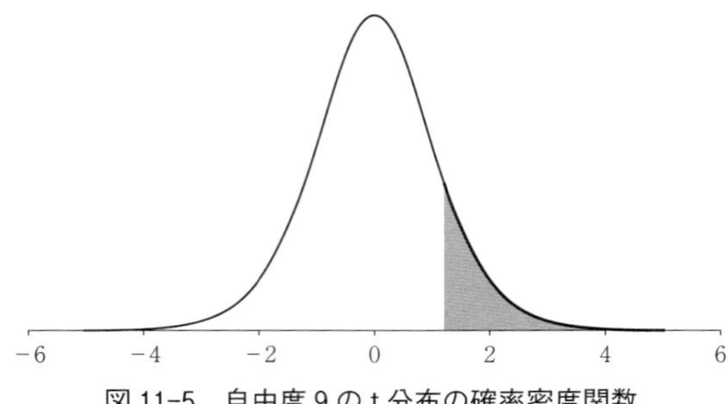

図 11-5　自由度 9 の t 分布の確率密度関数

点数の変化は 2.2 点ということは、帰無仮説が正しいとき 12.5% の確率で起こるということがいえる。

では、この 12.5% という確率が高いのか低いのかを判断しなければいけない。この判断基準の確率のことを「有意水準」と呼ぶ。この有意水準は一般的には 1% もしくは、5% がよく使われ、この 12.5% という値は 5% よりも高いので、「よくあること」と判断することになる。

今回の例のように、補習の効果をみるようなときは、帰無仮説 $\mu=0$ に対して、対立仮説 $\mu>0$ を設定するので、t 分布の右側の面積のみを用いた。このような検定を片側検定と呼ぶ。一方で、正負両方の効果をみるときには対立仮説 $\mu \neq 0$ となり、このとき有意水準 5% を両方で設定するので、片方の有意水準は 2.5% となる。このような検定を両側検定と呼ぶ。

3 因果関係とは

A　相関関係

気温が上昇するとアイスクリームの売上が増えたり、教育年数が増えると給与が高くなったり、2 つのデータに関連性があるとき、そのデータには相関関係があるという。その 2 つのデータの関係性を測る代表値として「相関係数」がある。相関係数を求めるためには、2 つの変数の方向性を表す共分散を用いる。データ $\{(x_1, y_1), \cdots (x_n, y_n)\}$ の共分散は次のように定義される。

$$\sigma_{xy} = \frac{1}{n} \Sigma_{i=1}^{n} (x_i - \bar{x})(y_i - \bar{y}) \tag{11-9}$$

共分散は、x と y それぞれの観測値と平均との差を掛けたものを観測数で割ったものである。ここで、x と y が同じ方向に動くとき共分散は正の値になり、逆の方向に動くとき負の値となる。

この共分散とそれぞれの分散を用いて、相関係数は次のように定義される。

$$\rho = \frac{\sigma_{xy}}{\sigma_x \sigma_y} \tag{11-10}$$

相関係数は、−1から1の値をとり、正の値が大きくなれば正の関係が強く、負の値が大きくなれば負の関係が強くなっている。0のとき全く関係がないということになる。

B 因果関係と相関関係、標本

表 11-6 はある家族の通勤時間（時間）と年間給与（万円）の表である。通勤時間と年間給与の間にどの程度の関係があるか、相関係数を求めたところ、0.962 となった。このことから、「通勤時間が長い人ほど給与が高い」ということがいえるだろうか。

表 11-6 ある家族の通勤時間と年間給与

	父	母	姉	兄	弟
通勤時間	2	0.2	1.2	1.5	1
年間給与	800	120	350	500	400

このことには、2つの問題がある。はじめの問題は、相関関係は因果関係を表すものではないということである。「通勤時間が長いから給料が高くなっている」ということと、「給料が高いから通勤時間が長くなっている」という因果関係のどちらかということは、相関係数からはわからない。

次の問題は、ある家族の例をあたかも日本全体の傾向であるかのようにいってしまっていることである。ある家族の5人のデータから、「通勤時間と年間給与の間に正の相関がある」ことがいえただけであり、この標本「ある家族」が調査対象全体である「日本の勤労者全体」という母集団を反映しているかどうかというと、それは「違う」ということになる。

推薦図書

- **山本勲『実証分析のための計量経済学』中央経済社，2015.**

  計量経済学を「使う」ということに着目したベストセラーテキスト。このような分析を行いたいときにどのような手法を用いれば良いのかということを効率的に学ぶことができる。

- **大屋幸輔『コア・テキスト統計学（第 3 版）』新世社，2020.**

  統計学における日本におけるスタンダードテキスト。統計学について基本から発展までカバーされている。国内の多くの大学院で入学時の統計学の授業でも用いられる。学部中級から大学院初級レベル。

第12章 財政学の基礎

本章のポイント

1. 財政は、政府の経済活動（国民に期待される役割を果たすため、国民から貨幣を調達・管理・支出していく政府の活動）である。その政府に期待される役割・機能は、①資源配分、②所得再分配、③経済安定化の３つである。まず、この財政の３大機能を理解しよう。
2. 次に、日本の歳入歳出は現在、どのような状況にあるのか理解しよう。租税収入や公債収入の額、そして歳出は、何にどれだけ支出されているのか、それらを知ることで、日本の置かれている状況が明らかとなる。
3. 最後に、日本の財政には、租税収入の不足によってさまざまな問題が発生している。基礎的財政収支に着目して、その解決策を考えよう。

1 政府の経済活動

政府に期待されている役割にはどういうものがあるだろうか。また、その役割を果たすには何が必要であろうか。政府がその役割を果たすために営む経済活動を、ひろく「財政」(public finance) と呼んでいる。政府は、中央政府と地方政府とに分類できる。財政といえば、国家＝中央政府の経済活動をもっぱら表し、地方政府の経済活動は地方財政と呼んで、これを区別している。

public finance を単純に訳せば、政府の資金調達となる。もちろん、政府は、民間部門から資金(貨幣)を租税や公債という形で調達している。だが、政府は無目的に貨幣を集めているわけではない。政府は、ある一定の役割を果たすために、貨幣を「経費(政府支出)」として支出して、民間部門にそれを戻してもいる。したがって、政府の経済活動は、貨幣の調達以外にも、貨幣の管理・支出を伴っている。そのような政府の経済活動(期待される役割を果たすため、国民から貨幣を調達し、管理し、支出していく政府の活動)を「財政」と呼び、それを総合的に研究する学問が財政学となるのである。

A 経済循環の中の政府

政府(公的部門)は、家計と企業が経済主体となっている民間部門とさまざまな形で結びついている。図6-1 (p. 89, 第6章) のように、政府はたとえば、家計や企業から租税や社会保険料を受け取り、公共財、社会保障、補助金を提供している。そして政府は、生産要素(労働、資本、土地)を需要し費用を負担している一方で、財・サービスを需要し費用を負担している。政府は、生産要素市場や財・サービス市場においても取引している。こうして、経済循環の関係が構築されている。

B 財政の仕組み(国と地方財政の関係)

地方財政は、2024年7月現在、都道府県、市町村、特別区のおよそ1,800の地方公共団体によって運営されている(e-Stat：政府統計の総合窓口)。国と地方財政の関係は、一言で表現すると相互補完の関係にある。表12-1にあ

表 12-1 国と地方との行政事務の分担

分野		公共資本	教育	福祉	その他
国		○高速自動車道 ○国道 ○一級河川	○大学 ○私学助成（大学）	○社会保険 ○医師等免許 ○医薬品許可免許	○防衛 ○外交 ○通貨
地方	都道府県	○国道（国管理以外） ○都道府県道 ○一級河川（国管理以外） ○二級河川 ○港湾 ○公営住宅 ○市街化区域、調整区域決定	○高等学校・特別支援学校 ○小・中学校教員の給与・人事 ○私学助成（幼～高） ○公立大学（特定の県）	○生活保護（町村の区域） ○児童福祉 ○保健所	○警察 ○職業訓練
	市町村	○都市計画等（用途地域、都市施設） ○市町村道 ○準用河川 ○港湾 ○公営住宅 ○下水道	○小・中学校 ○幼稚園	○生活保護（市の区域） ○児童福祉 ○国民健康保険 ○介護保険 ○上水道 ○ごみ・し尿処理 ○保健所（特定の市）	○戸籍 ○住民基本台帳 ○消防

出典）総務省「地方財政の果たす役割」.
URL：https://www.soumu.go.jp/main_content/000936396.pdf

るように、国と地方は行政事務を分担しあっている。2022年度決算額208.4兆円のうち国は91.9兆円、地方は116.6兆円を占めており、その比率はおよそ4対6となっている。われわれの日常生活に関連する行政は、地方公共団体がより多くを担っている。

2 財政の役割（機能）：資源配分・所得再分配・経済安定化

A 資源配分機能

私たちは、市場機構（メカニズム）の下で生活している。自由競争市場は、資源を効率的に配分する役割を果たしている（資源配分機能）。図 6-1（p. 89,

第6章）の消費財市場では、そのような市場の役割が描かれている。ところが財やサービスの種類によっては、外部性（外部経済、外部不経済）の存在のために、「市場の失敗」が起こることが知られている。そのため国民が需要しているにもかかわらず、市場を通じては供給されないか、不十分にしか供給されない財やサービスが存在する。そうした財については、市場に代わって政府が、「公共財」（public goods）として供給しなければならない。スミス（Smith, A.）の『国富論』第5編において、古典的な公共財として、国防、司法、公共土木事業・公共施設建設の3つが論じられている。その後、公共財は、広く表12-1に掲げられているものなどに拡大されて、今日理解されている。

B 所得再分配機能

市場が果たしている第2の機能は、所得再分配である。図6-1（p. 89，第6章）の生産要素市場では生産要素（労働、資本、土地）が、やはり自由競争の下で取引されている。資本主義社会は、競争の機会平等、結果（＝所得）の不平等を前提としている。各人に競争の機会は平等に与えられるが、競争の結果である所得の不平等は受け入れなければならない。競争の勝者は、より多くの所得を得ることができるのがこの社会である。だが、すべての者が同じ機会・条件で競争をしているかといえば、決してそうではない。たとえば、生来的に障害を負って生まれた者とそうでない者、貧困な家庭に生まれた者と富裕な家庭に生まれた者、事後的にも、事件・事故に巻き込まれて障害を負った者や、疾病・加齢のため働けなくなった者と、そうではない者とがいた場合、両者間の競争では、ともに前者は不利な立場に追いやられる。条件が異なる競争を強いられ、結果（＝所得）の不平等は受け入れなければならないとすると、それは社会正義に反するであろう。低所得者に対して、政府は、健康で文化的な最低限度の生活を保障するために、所得再分配（表12-2）を行う。累進所得税や相続税は確かに、高所得者と低所得者の所得格差を縮小する。しかし低所得者の所得を増やすことはできない。彼らの所得を増やす手段として社会保障が機能している（表12-2）。

現在、ベーシックインカムが注目されている。これは性別や年齢などに

表 12-2　所得再分配

<table>
<tr><td rowspan="6">所得再分配</td><td rowspan="2">租税</td><td colspan="2">累進所得税</td></tr>
<tr><td colspan="2">相続税</td></tr>
<tr><td rowspan="4">社会保障</td><td>社会保険
（年金・医療・介護）</td><td>国民が病気、けが、出産、死亡、老齢、障害、失業など生活の困難をもたらすいろいろな事故（保険事故）に遭遇した場合に一定の給付を行い、その生活の安定を図ることを目的とした強制加入の保険制度</td></tr>
<tr><td>社会福祉</td><td>障害者、母子家庭など社会生活をする上でさまざまなハンディキャップを負っている国民が、そのハンディキャップを克服して、安心して社会生活を営めるよう、公的な支援を行う制度</td></tr>
<tr><td>公的扶助</td><td>生活に困窮する国民に対して、最低限の生活を保障し、自立を助けようとする制度</td></tr>
<tr><td>保健医療・公衆衛生</td><td>国民が健康に生活できるようさまざまな事項についての予防、衛生のための制度</td></tr>
</table>

出典）厚生労働省「社会保障制度とは」を一部加工.
URL：https://www.mhlw.go.jp/content/12600000/000872267.pdf

関係なく、国民一人ひとりに現金給付を行う政策である。しかしその財源をどうするか、課題も多い。

C　経済安定化機能

経済は、好況から不況へ、不況から好況へと景気循環を繰り返している。その際、貨幣価値が変動してインフレーションやデフレーションが生じるほか、失業といった問題も現れる。経済が不安定化しないよう、政府にはやはり、市場への関与が期待されている。

財政の経済安定化機能については、ケインズ（Keynes, J. M.）が主張した。こうした考え方は、すでに**第 9 章**で論じられた通りである。有効需要の原理に基づき、完全雇用実現のため裁量的なフィスカル・ポリシー（財政政策）の発動が求められる。

フィスカル・ポリシーによって政府は、不況の際には減税を行い、公債を発行してでも、政府支出を増やすこと（赤字財政）で有効需要を大きくすることができる。反対に好況の際には、増税を行い、政府支出を減らすこと（黒字財政）で、有効需要を抑えることができるのである。こうした完全

雇用実現のためのフィスカル・ポリシーを理論的に説明するのが、

$$\text{政府支出乗数}\quad \Delta Y=\frac{1}{1-c}\Delta G \qquad \text{租税乗数}\quad \Delta Y=\frac{-c}{1-c}\Delta T \qquad (12\text{-}1)$$

である。政府支出の増加分（減少分）は乗数倍だけ国民所得を増やす（減らす）効果があり、増税（減税）は乗数倍だけ国民所得を減らす（増やす）効果がある。

このほかに経済安定化を実現するものにビルト・イン・スタビライザー（自動安定化装置）がある。これは、財政制度の中に組み込まれている機能である。累進所得税の場合、好況になれば、所得が増えるので、自動的・自然的に税収が増え（増税）、反対に不況になれば、所得が減るので、自動的・自然的に税収が減る（減税）。この作用によって政府は、有効需要の大きさに影響を及ぼすことができる。また、不況の際は、失業者が増える。そのとき、雇用保険の給付が、失業者の所得を補うことになり、やはり有効需要の落ち込みを防いでくれる。

表 12-3　財政の経済安定化

		不況	好況
フィスカル・ポリシー	政府支出	増大策	減少策
	租税	減税	増税
ビルト・イン・スタビライザー	累進所得税	自然税収減	自然税収増
	雇用保険	給付増	給付減
		↓ 有効需要刺激（増大）	↓ 有効需要抑制（減少）

政府（財政）に期待される役割は、現在では、3大機能としてまとめられている。ケインズは、財政による経済安定化機能を重視する。この考え方に立つと、経済を安定化させるために、資源配分（公共財の供給）や所得再分配（増減税）の活用も求められるようになる。政府の役割は、こうしてより大きくなっていった。

3　日本の財政問題

A　経費（歳出）

政府の役割は、経費（歳出）によって表現される。経費（public expenditure）とは、政府の活動に要する費用である。政府がどのようなものに、どれだけの額を支出しているのかは、一般会計予算の経費をみれば明らかとなる。2024年度予算は、およそ113兆円（112兆5,717億円）である。その内訳は図12-1に示されている。主な経費には、社会保障関係費、公共事業関係費、文教及び科学振興費、防衛関係費、地方交付税交付金等、国債費がある。

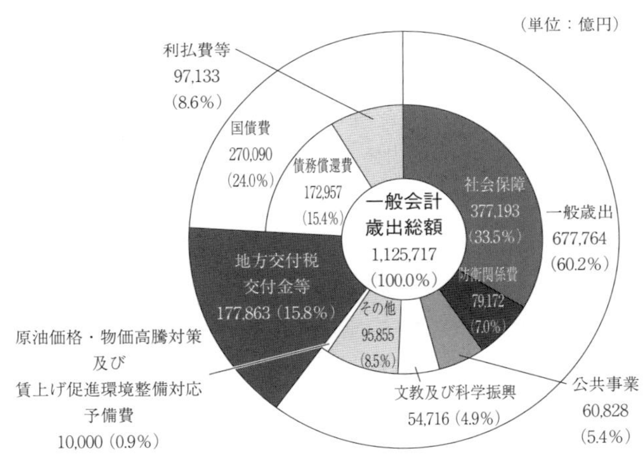

出典）財務省「令和6年度予算のポイント」.
URL：https://www.mof.go.jp/policy/budget/budger_workflow/budget/fy2024/seifuan2024/45.pdf

図12-1　2024年度一般会計歳出（当初予算）

これらおよそ113兆円が効率的に、所期の目的に支出されているのかどうか、常に目を向けなければならない。

B　歳入：租税と公債

資源配分、所得再分配、経済安定化という3大機能を果たすために、政府は財源を必要とする。歳入の大きな柱は、租税と公債である。

租税は、国や地方がその役割を果たすために、国民から強制的に無償で調達する貨幣を意味している。憲法第29条には、財産権の不可侵が規定されている。では、どうして政府は、強制的に無償で租税を調達することができるのか。租税は、財政民主主義によって正当化される。財政民主主義は、日本国憲法で採用されており、それは財政運営の主体が主権者である国民であると考えている。財政民主主義は、①租税法律主義、②予算承認の原則、③決算審議・予算執行監督の原則、④下院優越の原則からなる。これは、①租税は、議会（国民の代表）の承認を必要とし、②予算は、事前に議会の承認を必要とし、③予算使用後は、政府はその決算に議会の承認を必要とし、④2院制の場合には、下院に予算先議と議決の優越を認めるものである。こうして、主権者である国民の承認・同意の下で財政が運営され、課税が行われている。

租税は、強制性や無償性という性質を持っている。どのように課税したら正しい租税といえるのか。この問題は、租税原則として論じられてきた。アダム・スミスの租税4原則、アドルフ・ワグナー（Wagner, A.）の租税4大9小原則など、さまざまである。現在では、公平（fair）・中立（neutral）・簡素（simple）の3つに集約されている（図12-2）。公平の原則は、経済力が等しい人には、等しい負担を求める「水平的公平」と、経済力のある人には、より大きな負担を求める「垂直的公平」とからなる原則である。さらに「世代間の公平」も最近、重要視されている。

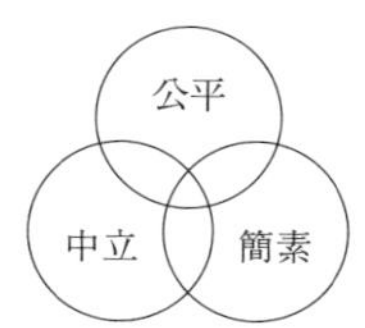

図12-2 現在の租税原則

中立の原則は、租税が個人や企業の経済活動における選択をゆがめないようにすることを求める原則である。簡素の原則は、税制の仕組みができるだけ簡素であり、理解しやすいものであることを求める原則である。

租税及び印紙収入は、2024年度予算でおよそ70兆円となっている（図12-3）。そのうち、所得税、法人税、消費税が基幹税であり、これらは租税及び印紙収入のおよそ8割を占める。所得税は、財政の所得再分配機能で言及したように、累進課税制度が採用されている。低額所得者には低税率、高額所得者には高税率が課せられている。法人税は、比例税率が適用されている。消費税率は、2019年に10%に引き上げられ（軽減税率は8%）、2023

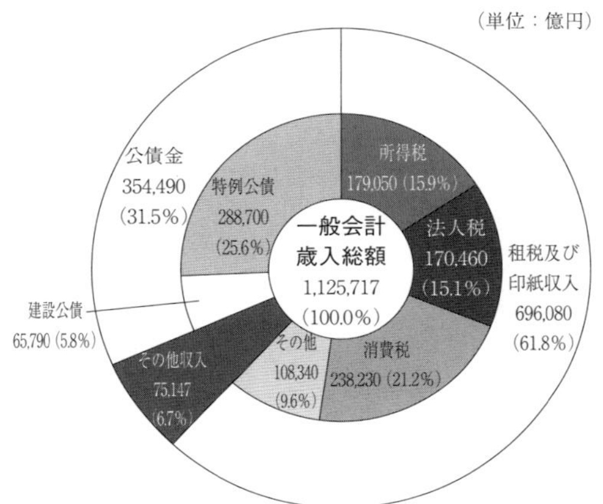

出典）財務省「令和６年度予算のポイント」.
URL：https://www.mof.go.jp/policy/budget/budger_workflow/budget/fy2024/seifuan2024/45.pdf

図 12-3　2024 年度一般会計歳入（当初予算）

年にはインボイス制度が始まった。

歳入のもう１つの柱が公債である。公債は、政府や地方による経費調達を目的とした金銭債務である。財政法第４条や地方財政法第５条は、公債（国債、地方債）の発行を制限している。だが、政府は国会の議決がある場合に、そして地方は総務大臣や都道府県知事と協議して同意が得られた場合に、公債を発行することが認められている（地方財政法５条の３）。

国の場合、建設公債（４条公債）と特例公債（赤字公債）が国会の議決を受け、発行されている。建設公債は公共事業費に充てられる。特例公債は、その性質から赤字公債とも呼ばれる。特例公債は本来、財政法ではその発行を認めていない。そこで特例公債法を制定して、特別に発行されている。2024 年度で公債はおよそ 35 兆円が発行されている（**図 12-3**）。このうち建設公債はおよそ６兆円、特例公債（赤字公債）は 29 兆円であり、特例公債が建設公債を大きく上回っている。

日本は、歳出が税収を大きく上回る状況が常態化している。**図 12-3** から、公債に依存する比率（公債依存度：歳入に占める公債発行収入の割合）は 31% となっており、高い比率となっている。また、公債残高（普通国債残高）も 2024 年見込み額でおよそ 1,105 兆円となっている（**図 12-4**）。残高が膨らんだ原

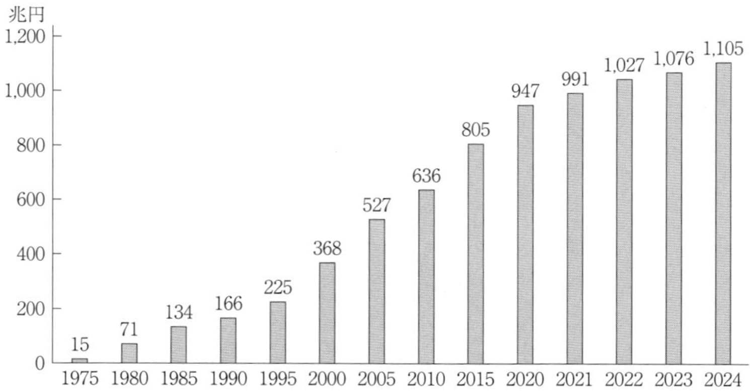

出典）財務省「財政に関する資料」をもとに筆者作成.
URL：https://www.mof.go.jp/tax_policy/summary/condition/a02.htm#a03

図 12-4　普通国債残高

因として、歳入面では景気低迷による税収減、景気対策としての減税、歳出面では、景気対策（震災復興）としての公共事業費の拡大、高齢化に伴う社会保障関係費の増大、が挙げられる。つまり、税収が減り、歳出が増えたことから、公債に依存しなければならなかったのである。

C　基礎的財政収支

日本の財政は厳しい状態に置かれている。少子高齢化による社会保障費の増大、高い公債依存度、巨額の公債残高、基礎的財政収支（プライマリー・バランス、Primary Balance : PB）の赤字、財政硬直化等の問題が山積している。

ここでは巨額の公債残高との関係でPBを取り上げよう。PBとは、税収等から基礎的財政収支対象経費を差し引いた収支を表している。2024年度の場合、税収等（租税及び印紙収入、その他収入）はおよそ77.1兆円、基礎的財政収支対象経費（元本償却と利払いに使用される国債費を除いた経費）はおよそ85.6兆円なので、PBはおよそ8兆円の赤字となっている（図12-5）。PBが赤字になっているということは、その分だけ公債残高が累増していくことを意味している。さらに、基礎的財政収支対象経費には、社会保障費と地方交付税交付金が含まれている。これらの経費の削減はたやすいことではない。つまり、そのつど必要な政策目標に対して費用を充てることが実際

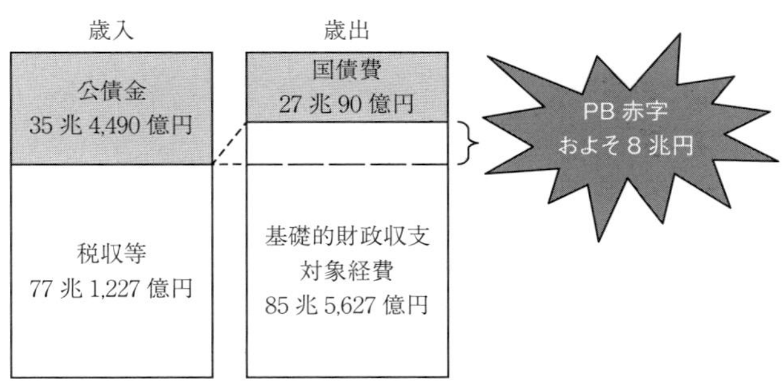

図 12-5　基礎的財政収支（2024 年度一般会計当初予算 112 兆 5,717 億円）

上、困難になっている（財政の硬直化）。PB の赤字を解消するためには、公債金に頼らず歳入（税収等）を増やして、国債費を除く歳出を減らすしか方法はないのである。

毎年度、借金が増えていくことは何を意味するのであろうか。建設公債であれば、建設された社会資本を将来世代も利用できるが、特例公債の場合はそうはならない。現在世代と高齢世代は、毎年、特例公債から便益を受け取っているが、その償還の負担からは免れている。将来の便益が期待できない特例公債という借金が増えていき、しかもそれは巨額すぎて一気に償還することもできない。公債は、当然、世代を越えて償還されることになる。人口が少なくなる将来世代は、人口が大きくなる高齢世代を扶養しなければならないのと同時に、公債を償還していかなければならないのである。世代間に負担の不公平が発生する。

これら日本の財政問題の根本原因は、税収不足にある。税収を増大させるには、増税か自然増収に頼らざるを得ない。日本は、消費税増税に踏み出した。しかしそれだけでは足りない。国民一人ひとりが、生産性を上げ、高付加価値の財・サービスをより多く生産することで所得を増やすことができれば、日本の景気が良くなり、自然増収が期待できる。それを達成するにはどうしたらよいのか、を私たちは考えなければならない。少子高齢時代を迎えた今、財政問題を解決することはやさしくはない。

日本の財政はさまざまな問題を抱えている。財政学には、人口が増え社会が発展すると経費が膨張するという経費膨張の法則がある。人口減少を迎えている日本にとって、今後も経費膨張が続くのか、今後の推移を見守る必要がある。一方、政府は子育て支援を行い、人口減少を防ごうとしている。少子化対策として注目されているのがフランスで導入されているN分N乗方式の所得課税方式である。所得税は個人を単位に課税されるが、N分N乗方式は世帯を単位に課税される。この方式は、世帯を構成している人数が多ければ多いほど、個人所得税よりも税負担が小さくなるというものである。フランスは同時に子育て世帯へ給付も行っている。これらの政策により、フランスは人口減少に歯止めをかけることができている。日本は、歳出歳入両面にわたる少子化対策が重要な課題となっている。さらに、世界情勢の変化から防衛関係費の増額も関心を呼んでいる。平和を維持する費用をどのように確保するのか、も新たな問題となっている。

推薦図書

- **Buchanan, James M., Wagner, Richard E., *Democracy in Deficit*: *The Political Legacy of Lord Keynes*, 1977（各版あり）.**
  ブキャナン，J. M.・ワグナー，R. E. 著/深沢実・菊池威訳『赤字財政の政治経済学――ケインズの政治的遺産』文眞堂，1979.
  ブキャナン，J. M.・ワグナー，R. E. 著/大野一訳『赤字の民主主義――ケインズが遺したもの』日経BP社，2014.
  ブキャナンとワグナーは1977年に本書を刊行した。ケインズが『雇用・利子および貨幣の一般理論（一般理論）』を1936年に発表し、学界にケインズ革命が生じた。これにより財政運営も大きな影響を受ける。それまで信奉されてきた均衡財政が打ち捨てられ、赤字財政が採用される。ケインズ革命によって政府支出の増大、減税が行われ、赤字公債の発行が正当化される。本書は、財政民主主義とケインズ主義による負の遺産を解明する。本書には2つの和訳がある。原文と読み比べて、理解しやすい方を選ぶことができる。
- **『図説 日本の財政』財経詳報社（各年度版）.**
- **『図説 日本の税制』財経詳報社（各年度版）.**
  日本の現実の財政、税制を理解するのにうってつけの解説書である。手元に置きながらその都度数値を確認することで、財政や税制の今に関心を持つことができる。

第13章 公共経済学の基礎

本章のポイント

1. 競争市場の条件を満たさない場合には、市場に任せても効率的な資源配分は達成されない。これを市場の失敗と呼ぶ。
2. 現代では、上記のような非効率な資源配分を生むケースだけでなく、公平性やマクロ経済の点から問題のあるケースも市場の失敗と呼ばれている。
3. 効率性の点から市場がうまく機能しないケースとして、①外部性、②公共財、③自然独占、④情報の非対称性、の4つがある。
4. 公平性の点から市場がうまく機能しないケースとして、⑤所得格差がある。また、マクロ経済の点からは、⑥景気循環がある。
5. 公共経済学は、市場の失敗が起こる原因やメカニズムを解明し、さらにその対策を検討する学問である。

1 公共経済学

A 厚生経済学の基本定理

第4章で学んだように、競争市場では均衡（つまり競争市場均衡）において需要と供給が一致し、さらに社会的余剰が最大となって効率的な資源配分が達成される。このことは、厚生経済学の基本定理（厳密には第一定理）と呼ばれており、公共経済学を学ぶ上で非常に重要な定理である。

ここで重要となってくるのは、「競争市場では」という点である。言い換えると、それ以外、たとえば第4章で学んだ独占市場や第5章で学んだ複占市場では死荷重が発生しており、効率的な資源配分とはなっていないのである。このように競争市場の条件を満たさないために厚生経済学の基本定理が成り立たない状況を、市場の失敗と呼ぶ。競争市場の条件を満たさない場合以外にも市場の失敗となる状況は存在する。これらについては、次の2節で説明する。

B 市場の失敗と政府

前項で説明したように、市場の失敗がなければ、市場は効率的な資源配分が達成されるわけで、外から何か手を加える必要はないといえる。逆にいうと、政府が何か市場介入を行うのは、市場の失敗がある場合のみということになる。

この点は政府の政策を考える上で非常に重要である。近年は、個人や企業のさまざまな経済活動に対して政府が補助金を支給すべきであるとの主張がなされることが多い。しかし、これらの中には政府の財政状態を悪化させるだけでなく、かえって市場の効率的な資源配分を阻害することがある。上記で説明したように、市場の失敗がなければ社会的余剰は最大となっており、そこに何らかの介入をしても社会的余剰はそれ以上増加しないばかりか、減少する可能性すらある。

たとえば、何らかの理由からペットボトルに入った紅茶飲料に政府が補助金を出して価格を引き下げる政策を実施したとしよう。もちろん、市場の失敗がないという意味においてこれは必要性のない政策である。その結果はどうなるであろうか。恐らくペットボトル紅茶に対する需要は増加するであろうが、その代替財、たとえば紅茶のティーバッグの需要は減少することになる。本来であれば、ティーバッグで淹れたお茶をマイボトルで持参する方が安上がりで、結果として環境にも良い。しかし、補助金によってそのようなティーバッグ茶の価格の優位性が失われ、環境に悪いものが大量に消費されることになる。さらに、ペットボトル紅茶の方が生産に要する費用も高いため、この政策によって社会的余剰も減少することになる。

このような理由から、補助金や規制、政府による直接供給といった政策のどれにしても、市場に対して政府が何らかの介入を行う場合には、まずは市場の失敗の有無をしっかりと考える必要がある。

さらに、政府の介入には副作用を伴う場合も多い。そのため、仮に市場の失敗が存在したとしても、その副作用や介入にかかるコストと政策の効果を天秤にかけて実施の有無を判断する必要がある。

C　公共経済学とは

公共経済学は、その大前提として市場の果たす役割の重要性を認め、市場がうまく機能しないケースである「市場の失敗」の原因やメカニズムを解明し、さらにその対策を考える学問である。

この「市場の失敗」は、現代では1節Aで説明した非効率な資源配分を生むケースだけでなく、公平性やマクロ経済の点から問題のあるケースにまで拡大している。そこで、2節では市場の失敗について大きく３つに分けて、それらの特徴と政策の例について説明する。最初に2節Aで、効率性の点から問題のあるケースを説明するが、これに関してはさらに原因が異なる４つに分けることができる。そして、2節Bで公平性の点から、2節Cでマクロ経済の点からそれぞれ問題のあるケースを説明していく。

上記で述べた効率性と公平性は、公共経済学において重要な２つの視点である。しかし、この２つの視点から同時に望ましいといえる状態を実現することは不可能な場合がある。つまり、公平性の点から資源配分を改善すること、たとえば生活保護による所得格差の縮小は、効率性の点では改悪となっている場合があるということだ。このことを、効率性と公平性のトレードオフという。

市場の失敗への対策には、大きく2種類ある。1つは、解明した原因を取り除く政策である。たとえば、競争市場の条件を満たさなくなる原因の1つにカルテルがあるが、それを防ぐために政府は独占禁止法を制定し、カルテルを摘発している。もう一つは、原因を取り除くことが難しい場合に、取引を社会的に望ましいように補正する政策である。これについては、その一例を3節で詳しく説明する。なお、その際には第2章～第4章で学んだミクロ経済学の分析手法を応用する。

公共経済学では、このようにミクロ経済学の手法を用いることが多い。そもそも、市場について分析するのはミクロ経済学の守備範囲である。そのため、市場の失敗、それも特に効率性を損なう場合を分析するには、ミクロ経済学の手法と理論を用いるのが適切である。このような理由から、公共経済学は基本的にミクロ経済学の応用分野という性格も持っている。

2 市場の失敗

A 市場の失敗と効率性

まずは、効率性の点から市場がうまく機能しないケースである「市場の失敗」について説明する。このケースには、表13-1にあるように、①外部性、②公共財、③自然独占、④情報の非対称性、の4つがある。

表13-1 市場の失敗

市場の失敗		政策の例
効率性	①外部性	公害対策、教育
	②公共財	警察、インフラ整備
	③自然独占	水道事業、バス事業
	④情報の非対称性	公的医療保険、公営住宅
公平性	⑤所得格差	生活保護、公的年金
マクロ経済	⑥景気循環	減税、金融政策

①外部性とは、消費者や企業といった経済主体が行う経済活動、たとえば消費や生産が、市場を通さずにほかの経済主体に影響を与えることをいう。プラスの効果を与える場合を正の外部性、マイナスの効果を与える場合を負の外部性と呼ぶ。前者の例として小中学校といった基礎的な教育サービスがある。これらを市場に任せているだけだと、教育を受ける人の数が社会的に望ましい水準よりも少なくなる。そのため、政府が無料で義務教育を提供することで、大多数の国民が教育サービスを受けて効率性が改善する。負の外部性の例として公害物質の排出を伴った生産活動がある。この場合には、市場に任せているだけでは公害の影響を考慮せずに過大な生産活動が行われ、社会的には望ましくない状態となる。そのため、政府が環境規制を行ったり、公害を防ぐ装置への補助金を支給したりする。

②公共財とは、非競合性と排除不可能性という２つの性質を持つ財のことである。１つ目の非競合性とは、ある人の消費量が増加したからといってほかの人の消費量が減少することはないという性質で、要するに複数の人で同時に消費することができることを意味する。パンや牛乳など多くの財は、誰か１人が食べてしまうとほかの人は食べられないため、非競合性を満たさない。一方で、警察による治安の維持活動は多くの人を同時に安全な状態にするため、非競合性を満たしている。２つ目の排除不可能性は、ひとたび供給されてしまうと、その財の消費から人々を排除できない性質で、無料で消費することができることを意味する。パンや牛乳など多くの財は代金を支払った人しか消費することができないため、排除不可能性を満たしていない。一方で、警察によってもたらされた街の安全は誰でも無料で享受できるため、排除不可能性を満たしている。もし警察サービスの供給を市場に任せるとすると、ほかの人の負担にタダ乗りして自分自身はあまり負担しようとしないため、社会全体の治安を維持するほどの警察力を維持できないことになるだろう。そのため、税金を財源として政府が警察サービスを直接供給することで、治安を維持するために必要なだけの警察サービスが供給されるようになる。

③自然独占とは、**第４章**で学んだように、固定費用が大きいために生産量の増加に伴う平均費用の低下が続く結果、自然に企業が１社しかいない独占市場となることである。水道事業は、浄水場などに加えて各家庭まで

張り巡らされた水道管といった設備投資に莫大な費用が掛かるため、市場に任せると水道会社はいずれ独占企業となる。そうなると、**第4章**で学んだように死荷重が発生して、非効率な状態となる。そのため、政府自身が水道事業を運営し、利潤最大化を行わないことで効率性の改善を行う。

④情報の非対称性とは、経済主体間、たとえば消費者と企業の間で取引する財について知っている情報に違いがある状態をいう。医療保険サービスは、加入する人の方が保険会社よりも自分自身の健康状態について多くの情報を持っている。そのため、加入希望者の健康状態の見分けがつかない保険会社は、健康状態が平均的な人をベースに保険料を設定するしかなく、それは病気にかかる可能性の高い人にとっては割安といえる。逆に、平均的な人より健康で保険料が割高となる人は保険に入ろうとしないため、実際に保険に入った人は想定よりも多く病気になり、保険料の支払いも多額になる。そこで、赤字に陥った保険会社は、保険料を引き上げることになる。しかし、そのことは病気にかかる可能性のより高い人ばかりが加入することに繋がり、赤字と保険料の引き上げがどんどん進むこととなる。その結果、多くの平均的な人にとっては高すぎる保険料となってしまい、保険サービスを利用できなくなってしまう。そこで、政府が医療保険を運営し、さらにすべての国民に保険に加入することを義務付けることで、適切な保険料が実現することとなる。これを公的医療保険という。

B 市場の失敗と公平性

次に、公平性の点から市場がうまく機能しないケースである「市場の失敗」について説明する。このケースには、**表13-1**の⑤所得格差がある。

そもそも厚生経済学の基本定理が示していることは、効率的な資源配分の達成であって、公平性の達成については何もいっていない。つまり、競争市場均衡は公平性を達成するとは限らないということである。そのため、仮に上記で説明した①〜④の市場の失敗が一切ない世界であったとしても、市場の機能に任せているだけでは人々の所得は平等にはならないのである。

これに対する政府の取るべき政策としては、生活保護や年金などがある。政府が運営する年金は、公的年金と呼ばれ、日本では国民全員に加入義務がある。そのため、老後になって労働による収入が少なくなったときに、貯蓄が十分でない人も貧困に陥らずに済むのである。現代の日本においては、実は年金を受給する前の高齢世代内の所得格差は若い世代内の所得格差よりも大きい。しかし、公的年金によって高齢者同士や若い世代との格差は縮小されることになる。このように、公的年金をはじめとした社会保障政策は国民の所得格差を縮小する効果も果たしているのである。

C　市場の失敗とマクロ経済

最後に、マクロ経済の点からの「市場の失敗」について説明する。このケースには、表13-1の⑥景気循環がある。

第9章で学んだように、価格が硬直的である場合には、需要と供給が一致しない。このことが労働市場で発生すると、不況期に非自発的失業を生みだし、社会的に望ましくない事態となる。その一方で、第7章で学んだように、好況期にはインフレーションが発生することが多く、これも社会的に望ましくない事態といえる。

そこで、前者に対して政府は、減税や政府支出の拡大といった財政政策、さらに金利を引き下げる金融政策を実施する。後者に対しては、逆に増税や政府支出の削減、金利の引き上げを実施する（第9章と第10章を参照）。

3　外部性

A　外部性と市場均衡

本節では、市場の失敗の1つである外部性について、第2章から第4章で学んだミクロ経済学の分析手法を応用して、非効率となる原因を説明する。なお、第4章で学んだ社会的余剰を復習してから読む方がよいだろう。

負の外部性を持つ財と、それを生産する企業および需要する消費者を考える。この市場は外部性以外の点では競争市場の条件を満たしており、その需要曲線と供給曲線は図13-1の通りとする。企業は競争的に行動するから、第3章で学んだように、図の供給曲線は限界費用曲線でもある（限界費用とは、生産量を1単位増やすと増加する総費用のこと）。

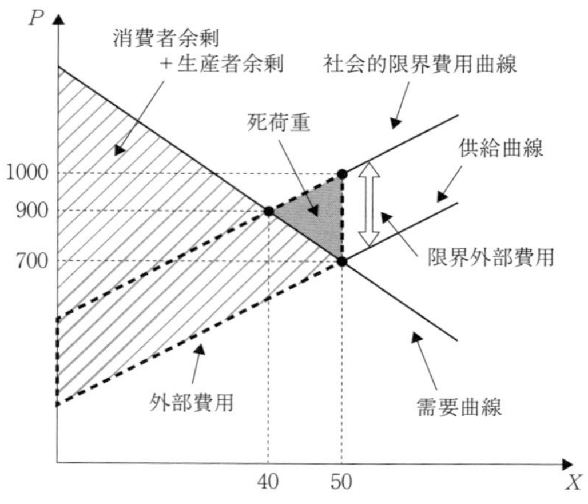

図 13-1　負の外部性のある財の市場均衡

この財は負の外部性を持つため、生産に応じて社会に対して何らかの悪影響を及ぼしている。たとえば、この企業が生産過程で発生した有毒な廃液を下水に流しており、通常よりも下水処理場での浄化に費用が掛かっているなどである。この追加で必要となる浄化費用（この例では財1単位を浄化する費用が300円とする）は、財を生産する企業以外が負担させられるコストといえ、これを外部費用と呼ぶ。財の生産量を1単位増やすと増加する外部費用を、限界外部費用（この例では300円）という。そして、生産量を1単位増やすと増加する社会全体の費用は、「企業の限界費用＋限界外部費用」となり、これを社会的限界費用と呼ぶ。この社会的限界費用曲線は、図13-1のように、供給曲線（企業の限界費用曲線）を限界外部費用の300円分だけ上にシフトさせたグラフとなる。

需要曲線と供給曲線の交点が市場均衡で、均衡価格は700円、均衡取引量は50個となる。このときの消費者余剰と生産者余剰の合計は、図13-1の斜線の領域である。外部性がなければ、これが社会的余剰である。しかし、社会的余剰は財の取引から社会全体が得られる利益のことであるから、この場合には社会全体の費用の一部である外部費用も除いた値でなければならない。図13-1では、点線で囲まれた領域が外部費用を表している。よって、斜線の領域から点線で囲まれた領域を引いた部分が社会的余剰となる。つまり、「斜線の領域のうち点線で囲まれていない領域」と「黒色の領域」をあわせた部分が社会的余剰を表している。ただし、「黒色の領域」はマイナスの社会的余剰を表していることに注意されたい。

それでは、市場均衡は社会的余剰を最大にしているのであろうか。結論からいうと、そうなってはいない。均衡取引量が40個になると、マイナスの社会的余剰を表している「黒色の領域」が含まれなくなり、「斜線の領域のうち点線で囲まれていない領域」のみが社会的余剰となる。そのため、社会的余剰は市場均衡よりも大きくなる。つまり、「黒色の領域」が、資源配分（財の取引）を市場に任せたことによる死荷重ということになる。

B　税による解決

図13-1の場合には、均衡取引量が40個のときに社会的余剰は最大となる。それでは、どのようにしてそれを実現すればよいのだろうか。ここでは、いくつかある方法の中からピグー税について説明する。

ピグー税とは、負の外部性がある財の取引に対して課す税金である。ここでは、生産量1単位につき300円を企業に課すことにする。企業は販売価格から300円を引いた額を受け取ることになるので、その分だけ販売価格、つまり限界費用に上乗せしないと利潤が最大とならない。そのため、課税後の新しい供給曲線は300円分だけ上にシフトすることになり、社会的限界費用曲線と重なることになる。そして、需要曲線と課税後の供給曲線の交点が新しい市場均衡で、均衡価格は900円、均衡取引量は40個となる。新しい市場均衡では、均衡取引量が40個となるため社会的余剰は最大となる。つまり、300円の課税によって資源配分の効率性は改善したのである。これが、ピグー税による政策の効果である。

C　地球温暖化問題

前項で説明したピグー税の一例に炭素税（地球温暖化対策税）がある。炭素税のことを地球温暖化対策に必要な財源を賄うための税金と思っていた人もいるだろう。もちろん、その目的もある。しかし、主目的はCO_2などの温室効果ガスの排出を抑制することにある。

まず、地球温暖化問題は経済学的には外部性の問題とみなせる。誰も温室効果ガスを排出することで効用を得たり利益を得たりはしていない。ただ、製品を生産する過程や自動車で移動する際に排出しているだけである。この場合、生産や自動車移動は温室効果ガスの排出という負の外部性を伴う経済活動ということになる。負の外部性であれば、その元となる経済活動に対してピグー税を課せばよいということになる。これが炭素税である。

現実には、税額の大きさが重要となる。理論的には、税額は限界費用と等しくする必要がある。それよりも低い金額では、課税後の供給曲線が社会的限界費用曲線と重ならないため、新しい市場均衡でも生産が過剰で、死荷重が発生してしまう。その点について、日本の炭素税はヨーロッパの導入国と比較して税額がかなり低い（2018年時点でフランスは日本の約20倍、スウェーデンは約50倍）ため、ピグー税として十分に効果を発揮しているかは大いに疑問がある。

推薦図書

- **佐藤主光『公共経済学15講』新世社，2017.**

外部性や公共財だけでなく、最適課税論や公共選択論など幅広い内容を取り扱っていて、その中にはEBPMやナッジ理論といった最新の内容も含まれており、公共経済学を網羅的に学ぶことができる。ただし、個々の理論に関する説明は簡潔であるため、各理論をきちんと学びたい人にはあまり適しているとはいえない。

- **小川光・西森晃『公共経済学（第2版）』中央経済社，2022.**

最初の2つの章で市場均衡について図による説明と数学による説明の両方がされており、ミクロ経済学の復習から入ることができる。そして、主な理論についても、文章による説明だけでなく、図や数学を用いてミクロ経済学を応用した説明がきちんとされている。ただし、情報の非対称性についてはほとんど説明がない。

- **スティグリッツ，J.E.・ローゼンガード，J.K.著/藪下史郎訳『スティグリッツ 公共経済学（第3版）』上・下，東洋経済新報社，2022.**

幅広い内容について、豊富な例とともに詳しい説明がなされているため、一人で読んでもしっかりと理解することができる。ただし、上下2巻に分かれていて頁数も多いため、全部を読むにはかなりの時間を要する。

第14章 国際経済学の基礎

本章のポイント

1. 貿易の利益は、自給自足状態と比べた社会的余剰の拡大分で表される。
2. 貿易自由化、つまり関税削減を進めることで貿易の利益は拡大する。
3. 海外との経済取引では、国内で使用する貨幣がそのまま使用できるとは限らない。
4. 各国・地域内で使用される貨幣と異なる国・地域内で使用される貨幣(たとえば日本の円とアメリカのドル)同士の交換比率を、外国為替相場(為替レート)という。
5. 国際収支は、一定期間における、海外との経済取引を取引内容ごとに集計したものとなる。
6. 日本の国際収支の特徴は、経常収支黒字と金融収支黒字の組み合わせにある。

1 国際貿易の基礎理論

本章**第 1 節**では貿易がもたらす利益を、**第 4 章**で学んだ余剰分析を使ってみていく。

A 自給自足

貿易の利益をみるため、ある経済（以下では自国と呼ぶ）が海外との貿易のない自給自足状態にあるところから始める。ある財の国内価格は、国内市場が均衡するところに決まる。

ある財の国内市場均衡を図示したのが**図 14-1** となる。図にある右下がりの線がある財の国内需要曲線で、右上がりの線が国内供給曲線である。これら 2 本の線が交わる点 E に対応する p_E が国内市場の均衡価格、x_E が均衡取引量となる。

国内市場が均衡状態にあるとき、市場取引から消費者が得る利益を示した消費者余剰は、ΔAp_EE となる。他方、生産者が得る利益である生産者余剰はΔBp_EE となる。そしてこれら消費者余剰と生産者余剰とを合わせた社会的余剰は ΔAEB となる。

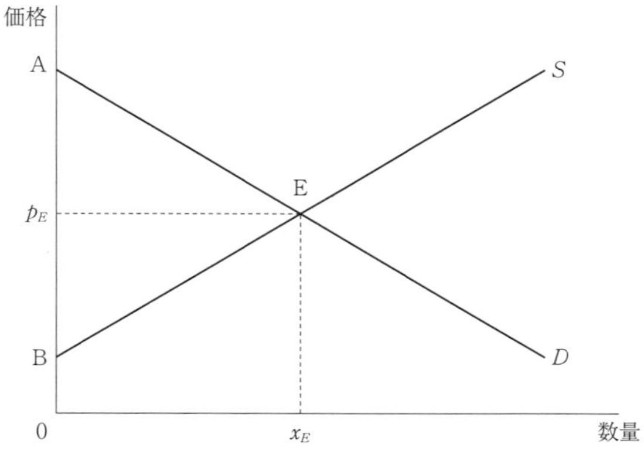

図 14-1　自給自足状態における国内市場均衡

B　自由貿易

次に、海外と貿易が行われる状態をみる。ここでは貿易によって、国内市場での均衡価格 p_E よりも低い価格 p_W で、海外から財が大量に国内に入ってくる場合を考える。輸入する財には関税がかからない、つまり自由貿易が行われるケースから始める。図14-2では、図14-1と同様に右下がりの線は国内需要曲線、右上がりの線は国内供給曲線を表している。貿易によって、財が海外から大量に入ってくることで、国内の消費者も生産者も、p_W という価格に直面することになる。図14-2の中で水平に引かれている実線は、海外から大量に入ってくる財の供給線を表している。

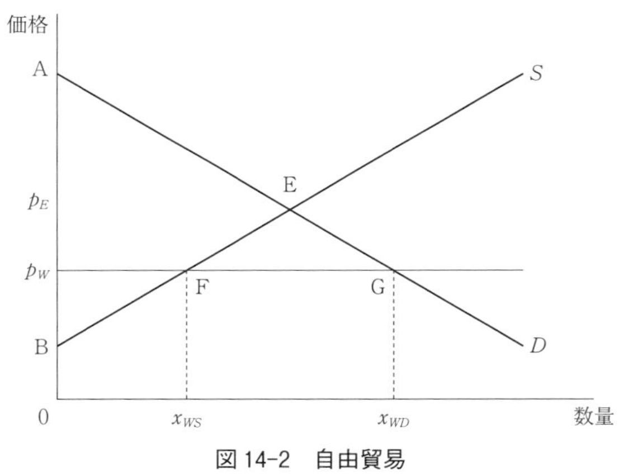

図14-2　自由貿易

海外から p_W という価格で財が入ってくると、国内需要量は x_{WD}、国内供給量は x_{WS} となる。自給自足状態と比較して価格が p_W へと低下することで国内需要量は増え、国内供給量は減る。財の価格低下で生まれた国内需要量が国内供給量を上回る分、言い換えれば国内供給量では不足する量である $x_{WD}-x_{WS}$ が、海外から輸入される。

社会的余剰は自由貿易が行われると $\Delta \mathrm{A}p_W\mathrm{G}+\Delta \mathrm{B}p_W\mathrm{F}$ となり、自給自足状態に比較して大きくなり、自国に利益をもたらす。しかし、この社会的余剰を構成する消費者余剰と生産者余剰では、それぞれ動きが異なる。自給自足状態に比べて消費者余剰は $\Delta \mathrm{A}p_W\mathrm{G}$ となり増加するが、生産者余剰はΔBp_WFとなり減少する。社会的余剰の増加は、消費者余剰の増加分が、生産者余剰の減少分を上回ることによる。

C 関税賦課

次に、海外からp_wという価格で大量に入ってくる財に関税が課される場合を想定する。関税は従量税方式で課税されるとし、財 1 単位の輸入についてt（円）の関税がかかるとする。

海外からp_Wという価格で大量に入ってくる財に、1 単位あたりtの関税が課されると、国内での価格はp_W+tとなる。図 14-3 で価格p_W+tに引かれている水平な実線は海外から輸入される財の供給線を表している。自由貿易と比較して、価格上昇により国内需要量は減り、x'_{WD}となる一方で国内供給量は増えてx'_{WS}となる。関税が課されたことで輸入量は減り、$x'_{WD}-x'_{WS}$となる。輸入する財に関税が課されたことで、国内生産者はより多くの財をより高い価格で販売できる。関税が課される貿易は保護貿易の一例である。

関税賦課時の貿易利益、つまり社会的余剰は、自由貿易時の社会的余剰と比較して小さくなる。関税を賦課することで生産者余剰は$\Delta B(p_W+t)H$となり増加するが、消費者余剰は$\Delta A(p_W+t)J$となり減少する。生産者余剰の増加分が消費者余剰の減少分を下回るために、関税賦課時の社会的余

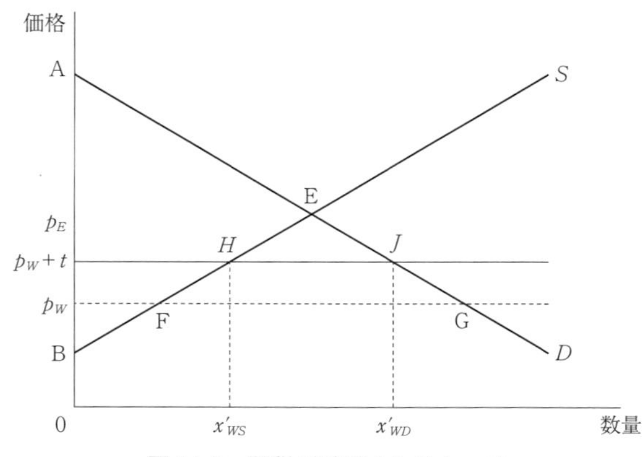

図 14-3 関税が賦課されるケース

剰は自由貿易時に比べて減少してしまう。

関税を削減する、つまり貿易を自由化していくことは社会的余剰を拡大、つまり貿易から得られる利益を拡大させる。関税及び貿易に関する一般協定（GATT）のもとでの貿易自由化交渉、同協定の後継機関である世界貿易機関（WTO）、そして自由貿易地域・経済連携協定で自由貿易を推し進めようとする理由の1つはこうした社会的余剰の拡大にある。

2　外国為替相場と国際収支

海外と貿易を行う、つまり海外から財を買ったり、海外に財を売るにあたっては、財の対価となる貨幣が必要になる。財の売買取引が国内で完結するのであれば、国内で使用されている貨幣を使えばよい。しかし海外との取引となると、国内で使用されている貨幣を使うのか、取引相手の国内で使用されている貨幣を使うのか、それとも両者以外の貨幣を使うのかという問題が出てくる。海外との取引を行う際に国内で使用されている貨幣以外の貨幣を使用する場合、国内で使用されている貨幣と交換する必要が出てくる。

A　外国為替相場と国際通貨制度

ある国や地域の中で使用されている貨幣を異なる国や地域の中で使用されている貨幣に換えるといった、種類が異なる貨幣同士の交換比率を外国為替相場（為替レート）という。たとえば、1ドル＝150円という為替レートでは、アメリカ国内で使用される貨幣であるドル1単位と日本国内で使用される貨幣である円150単位とを交換できる。

為替レートの変化には、増価や減価といった表現が使われる。1ドル＝150円から1ドル＝160円への変化は、（ドルに対する）円の減価や（円に対する）ドルの増価と表現する。ドルを1単位手に入れるのに、変化前は円が150単位で済んでいたところ、変化後は円が160単位必要になる。同じ1ドルにより多くの円が必要になるということは、円1単位の価値が減じたことを意味する。

為替レートは、別の種類の貨幣に付けられた価格であるともいえる。異なる種類の貨幣同士の交換取引をする市場である外国為替市場（外為市場）で決まる。外為市場で為替レートが決まる通貨制度を変動相場制度という。

第2次世界大戦が終わってからニクソン・ショック（1971年）まで、円とドルとの為替レートは1ドル＝360円の水準に固定されていた。第2次世界大戦後のブレトン＝ウッズ体制（IMF体制）のもと、アメリカは、35ドルを金1オンス（金の単位で約28.35g）に交換することを各国に保証していた。アメリカ以外の国際通貨基金（IMF）加盟国には自国の貨幣とドルの為替レートを一定の水準に維持することが求められた。各国がドルと自国の貨幣との為替レートを固定することで、IMF加盟国は互いの貨幣の交換比率も固定していたことになる。このように為替レートをあらかじめ決められた水準に維持する通貨制度を固定相場制度という。

1971年8月にアメリカのニクソン大統領は、ドルと金との交換停止を宣言した。これがニクソン・ショックであり、ドルを中心とした固定相場制度は崩壊した。その後、一時的に新しい為替レートのもとで固定相場制度

出典）日本銀行時系列統計データ検索サイト「東京市場　ドル・円スポット17時時点/月中平均」.

図14-4　円ドル為替レート

を維持しようとする動きがあったものの長続きせず、多くの国々は変動相場制度へと移行した。

1973年以降の円とドルとの為替レートをグラフにしたのが**図14-4**である。変動相場制度への以降後、円とドルの為替レートはおおむね円が増価する方向で推移してきた。とりわけ、1985年のプラザ合意以降は、円の急速な増価が進んだ。

B　国際収支統計

国際収支統計は、一定期間における海外との経済取引を取引内容ごとに集計したものとなる。国際収支は、経常収支、資本移転等収支、金融収支から構成される。これら3つの収支で次の恒等関係が成立する。

$$経常収支+資本移転等収支-金融収支=0 \qquad (14\text{-}1)$$

表14-1は、日本の2022年一年間の国際収支状況となる。国際収支統計では経常収支、資本移転等収支、金融収支のほかに、集計する際に生じる誤差等を調整するために誤差脱漏という項目を設けている。実際の統計では上の恒等関係を表す式の左辺に誤差脱漏を加えた値が0となる。

経常収支は一定期間内に、海外との財・サービスの輸出入をはじめとする経常取引で得た純（ネット）収入にあたる。経常収支は、貿易収支、サービス収支、第一次所得収支、第二次所得収支から構成される。

表14-1　2022年日本の国際収支（単位：億円）

項目	金額
経常収支	114,432
貿易収支	−157,808
サービス収支	−56,073
第一次所得収支	353,087
第二次所得収支	−24,773
資本移転等収支	−952
金融収支	78,625
誤差脱漏	−34,855

出典）財務省「令和4年中国際収支状況」.

経常収支＝

貿易収支＋サービス収支＋第一次所得収支＋第二次所得収支　(14-2)

貿易収支は海外との商品（財）の売買取引による純収入であり、財の輸出（額）から輸入（額）を引いて求められる。同様にサービス収支は海外とのサービスの売買取引による純収入であり、海外へのサービスの販売額（輸出額）から海外からのサービス購入額（輸入額）を引いて求められる。第一次所得収支は、海外への証券投資や直接投資等から得た利子・配当や国民（国内居住者）が海外で稼いだ給料からなる所得受取りから、海外への所得支払いを引いて求められる所得の純受取り額である。第二次所得収支は海外からの送金や海外から受けた援助から、海外への援助や国際機関への分担金支払いや海外への送金を引いて求められる。

日本の経常収支を構成する4つの収支をグラフにしたものが図 14-5 となる。かつて日本の経常収支黒字の中心は貿易収支黒字にあった。2010 年まで、日本の貿易収支は財の輸出額が輸入額を上回る黒字の状態が続いていた。しかし東日本大震災が発生した2011年に液化天然ガス等鉱物性燃料の

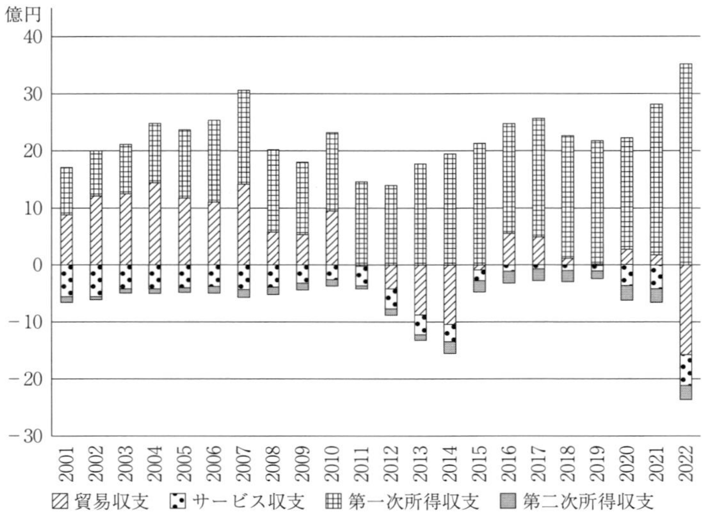

出典）財務省「国際収支の推移」.

図 14-5　日本の経常収支（2001 年以降）

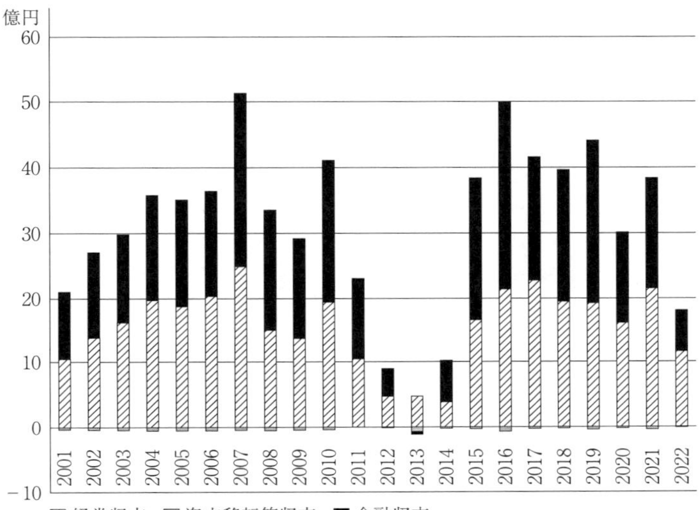

出典）財務省「国際収支の推移」.

図 14-6　日本の国際収支（2001 年以降）

輸入額急増もあり、貿易収支が赤字に転じてからは、一時的に黒字に戻ったものの 2022 年に再び赤字となっている。2005 年に第一次所得収支黒字が貿易収支黒字を上回ってから、日本の経常収支黒字の中心は第一次所得収支黒字に移ってきている。

そして日本の過去 20 年にわたる国際収支をグラフにしたものが**図 14-6** である。日本の国際収支の特徴は、経常収支黒字と金融収支黒字との組み合せにある。金融収支は期間中の海外への証券投資や直接投資などによる対外金融資産純増額から、海外からの証券投資や直接投資などによる対外金融負債純増額を引いて求められる。同収支の黒字は、期間中の対外金融資産純増額が対外金融負債純増額を上回ったことを表している。経常収支黒字と金融収支黒字の組み合わせは、海外との経常取引で稼いだ資金を使って、海外に金融資産を積み増す形になっていることを示している。

推薦図書

- **アセモグル，D.・レイブソン，D.・リスト，J. 著／岩本康志監訳・岩本千晴訳『アセモグル／レイブソン／リスト　入門経済学』東洋経済新報社，2020.**
- **アセモグル，D.・レイブソン，D.・リスト，J. 著／岩本康志監訳・岩本千晴訳『アセモグル／レイブソン／リスト　ミクロ経済学』東洋経済新報社，2020.**

  自国が輸出国となった場合の余剰分析も行われている。また自由貿易時の余剰分析で、貿易による勝者と敗者という表現が用いられている。
- **清野一治『ミクロ経済学入門』日本評論社，2006.**

  自由貿易を例に取りつつ、市場に焦点を当てた説明がなされている。
- **マンキュー，N. G. 著／足立英之・石川城太・小川英治・地主敏樹・中馬宏之・柳川隆訳『マンキュー経済学Ⅱ　ミクロ編（第 4 版）』東洋経済新報社，2019.**

  自国が輸出国となった場合の余剰分析も行われている。

引用・参考文献

序章

マンキュー，N. G. 著／足立英之・石川城太・小川英治・地主敏樹・中馬宏之・柳川隆訳／『マンキュー入門経済学（第 3 版）』東洋経済新報社，2019.

浅子和美『経済学入門 15 講』新世社，2021.

井堀利宏『入門 経済学（第 4 版）』新世社，2021.

江頭進『はじめての人のための経済学史』新世社，2015.

久保真・中澤信彦編『経済学史入門—経済学方法論からのアプローチ』昭和堂，2023.

経済学史学会編『経済思想史辞典』丸善，2000.

小峯敦編『福祉の経済思想家たち』ナカニシヤ出版，2010.

根井雅弘『経済学はこう考える』筑摩書房，2009.

山口正春「経済学の基本問題と経済学の課題」楠谷清・川又祐『経済学入門（第 2 版）』弘文堂，2019.

第 1 章

西村和雄『ミクロ経済学』東洋経済新報社，1990.

第 2 章

アセモグル，D.・レイブソン，D.・リスト，J. 著／岩本康志監訳・岩本千晴訳『アセモグル／レイブソン／リスト　ミクロ経済学』東洋経済新報社，2020.

マンキュー，N. G. 著／足立英之・石川城太・小川英治・地主敏樹・中馬宏之・柳川隆訳『マンキュー入門経済学（第 2 版）』東洋経済新報社，2014.

井堀利宏『入門 経済学（第 2 版）』新世社，2007.

井堀利宏『入門 ミクロ経済学（第 2 版）』新世社，2004.

塩澤修平『経済学・入門（第 3 版）』有斐閣アルマ，2013.

柴田舞『初めて学ぶミクロ経済学』新世社，2023.

八田達夫『市場の失敗と政府の失敗への対策』プログレッシブ経済学シリーズ，ミクロ経済学〈1〉，東洋経済新報社，2008.

福岡正夫『ゼミナール経済学入門（第 3 版）』日本経済新聞社，2000.

第 3 章

アセモグル，D.・レイブソン，D.・リスト，J. 著／岩本康志監訳・岩本千晴訳『アセモグル／レイブソン／リスト　ミクロ経済学』東洋経済新報社，2020.

マンキュー，N. G. 著／足立英之・石川城太・小川英治・地主敏樹・中馬宏之・柳川隆訳『マンキュー入門経済学（第 2 版）』東洋経済新報社，2014.

井堀利宏『入門 経済学（第 2 版）』新世社，2007.

井堀利宏『入門 ミクロ経済学（第2版)』新世社，2004.
塩澤修平『経済学・入門（第3版)』有斐閣アルマ，2013.
柴田舞『初めて学ぶミクロ経済学』新世社，2023.
八田達夫『市場の失敗と政府の失敗への対策』プログレッシブ経済学シリーズ，ミクロ経済学〈1〉，東洋経済新報社，2008.
福岡正夫『ゼミナール経済学入門（第3版)』日本経済新聞社，2000.

第4章

マンキュー，N.G. 著／足立英之・石川城太・小川英治・地主敏樹・中馬宏之・柳川隆訳『マンキュー入門経済学（第2版)』東洋経済新報社，2014.
井堀利宏『入門経済学（第2版)』新世社，2007.
井堀利宏『入門ミクロ経済学（第2版)』新世社，2004.
塩澤修平『経済学・入門（第3版)』有斐閣アルマ，2013.
八田達夫『市場の失敗と政府の失敗への対策』プログレッシブ経済学シリーズ，ミクロ経済学〈1〉，東洋経済新報社，2008.
福岡正夫『ゼミナール経済学入門（第3版)』日本経済新聞社，2000.

第5章

マクミラン，J. 著／伊藤秀史・林田修訳『経営戦略のゲーム理論―交渉・契約・入札の戦略分析』有斐閣，1995.
馬渡尚憲『経済学史』有斐閣，1997.
渡辺隆裕『ゼミナール ゲーム理論入門』日本経済新聞出版，2008.

第6章

アセモグル，D.・レイブソン，D.・リスト，J. 著／岩本康志監訳・岩本千晴訳『アセモグル／レイブソン／リスト　マクロ経済学』東洋経済新報社，2019.
楠谷清・川又祐『経済学入門（第2版)』弘文堂，2019.
内閣府「国民経済計算（GDP 統計)」
https://www.esri.cao.go.jp/jp/sna/menu.html

第7章

アセモグル，D.・レイブソン，D.・リスト，J. 著／岩本康志監訳・岩本千晴訳『アセモグル／レイブソン／リスト　入門経済学』東洋経済新報社，2020.
アセモグル，D.・レイブソン，D.・リスト，J. 著／岩本康志監訳・岩本千晴訳『アセモグル／レイブソン／リスト　マクロ経済学』東洋経済新報社，2019.
総務省統計局「消費者物価指数（CPI)」
https://www.stat.go.jp/data/cpi/index.html
内閣府「2022 年度国民経済計算（2015 年基準・2008SNA)」
https://www.esri.cao.go.jp/jp/sna/data/data_list/kakuhou/files/2022/2022_kaku_top.html

日本銀行ウェブサイト「企業物価指数（2020年基準）」
https://www.boj.or.jp/statistics/pi/cgpi_2020/index.htm
日本銀行ウェブサイト「企業向けサービス価格指数（2015年基準）」
https://www.boj.or.jp/statistics/pi/sppi_2015/index.htm
福田慎一・照山博司『マクロ経済学・入門（第5版）』有斐閣アルマ，2016.

第8章

アセモグル，D.・レイブソン，D.・リスト，J. 著／岩本康志監訳・岩本千晴訳『アセモグル/レイブソン／リスト　マクロ経済学』東洋経済新報社，2019.
マンキュー，N. G. 著／足立英之・石川城太・小川英治・地主敏樹・中馬宏之・柳川隆訳『マンキュー入門経済学（第2版）』東洋経済新報社，2014.
川口大司編『日本の労働市場—経済学者の視点』有斐閣，2017.
神林龍『正規の世界・非正規の世界』慶応義塾大学出版会，2017.
総務省統計局『労働力調査』.

第9章

アセモグル，D.・レイブソン，D.・リスト，J. 著／岩本康志監訳・岩本千晴訳『アセモグル／レイブソン／リスト　マクロ経済学』東洋経済新報社，2019.
マンキュー，N. G. 著／足立英之・石川城太・小川英治・地主敏樹・中馬宏之・柳川隆訳『マンキュー経済学Ⅱ　マクロ編（第4版）』東洋経済新報社，2019.
福田慎一・照山博司『マクロ経済学・入門（第5版）』有斐閣，2016.

第10章

アセモグル，D.・レイブソン，D.・リスト，J. 著／岩本康志監訳・岩本千晴訳『アセモグル／レイブソン／リスト　入門経済学』東洋経済新報社，2020.
マンキュー，N.G. 著／足立英之・石川城太・小川英治・地主敏樹・中馬宏之・柳川隆訳『マンキュー経済学Ⅱ　マクロ編（第4版）』東洋経済新報社，2019.
内田浩史『金融』有斐閣，2016.
清野一治『ミクロ経済学入門』日本評論社，2006.
福田慎一・照山博司『マクロ経済学・入門（第5版）』有斐閣，2016.

第11章

大屋幸輔『コア・テキスト統計学（第3版）』新世社，2020.
田中隆一『計量経済学の第一歩—実証分析のススメ』有斐閣ストゥディア，2015.
山本勲『実証分析のための計量経済学』中央経済社，2015.

第12章

ケインズ，J. M. 著／塩野谷祐一訳『雇用・利子および貨幣の一般理論』東洋経済新報社，1983.

スミス，A. 著／大内兵衛・松川七郎訳『諸国民の富』Ⅰ・Ⅱ，岩波書店，1969.
マスグレイヴ，R. A. 著／木下和夫監修『財政理論―公共経済の研究』1-3，有斐閣，1961-1962.
ワグナー，A. 著／瀧本義夫解説『ワグナー氏財政学』上巻・下巻，同文館，1904.
井堀利宏『演習財政学』新世社，1995.
井堀利宏『財政（第3版）』岩波書店，2008.
上村敏之『コンパクト財政学（第2版）』新世社，2013.
楠谷清・藪下武司・川又祐・斎藤英明『財政学入門』八千代出版，2018.
西村幸浩『財政学入門』新世社，2013.
林宜嗣『基礎コース財政学（第3版）』新世社，2012.

第13章

環境省「諸外国における炭素税等の導入状況」2018.
https://www.env.go.jp/content/900498772.pdf
佐藤主光『公共経済学15講』新世社，2017.

第14章

アセモグル，D.・レイブソン，D.・リスト，J. 著／岩本康志監訳・岩本千晴訳『アセモグル／レイブソン／リスト　入門経済学』東洋経済新報社，2020.
マンキュー，N.G. 著／足立英之・石川城太・小川英治・地主敏樹・中馬宏之・柳川隆訳『マンキュー経済学Ⅰ　ミクロ編（第4版）』東洋経済新報社，2019.
伊藤元重・財務省財務総合政策研究所編『日本の国際競争力』中央経済社，2013.
大川昌幸『コア・テキスト国際経済学（第2版）』新世社，2015.
清野一治『ミクロ経済学入門』日本評論社，2006.
澤田康幸『基礎コース国際経済学』新世社，2003.

索　引

あ行

か行

さ行

た行

な行

は行

ま行

や行

ら行

わ行

編者・執筆分担

横溝えりか（よこみぞ　えりか）……はじめに、第 7 章、第 9 章、第 10 章、第 14 章
日本大学法学部　教授

竹本亨（たけもと　とおる）……………………第 1 章、第 5 章、第 6 章、第 13 章
日本大学法学部　教授

執筆者（五十音順）・執筆分担

生垣琴絵（いけがき　ことえ）……………………………………………序章
日本大学法学部　専任講師

川又祐（かわまた　ひろし）……………………………………………第 12 章
日本大学法学部　教授

立福家徳（たてふく　いえのり）……………第 2 章、第 3 章、第 4 章、第 8 章、第 11 章
日本大学法学部　准教授

Next 教科書シリーズ 経済学入門［第 3 版］

2015（平成 27）年 3 月 10 日　初　版 1 刷発行
2019（平成 31）年 2 月 15 日　第 2 版 1 刷発行
2025（令和 7）年 1 月 15 日　第 3 版 1 刷発行

編　者　横溝　えりか・竹本　亨
発行者　鯉渕　友南
発行所　株式会社 弘文堂　101-0062　東京都千代田区神田駿河台 1 の 7
TEL 03(3294)4801　振替 00120-6-53909
https://www.koubundou.co.jp

装　丁　水木喜美男
印　刷　三美印刷
製　本　井上製本所

ISBN978-4-335-00253-3

Next 教科書シリーズ

好評既刊

授業の予習や独習に適した初学者向けの大学テキスト

（刊行順）

『心理学』［第 4 版］　和田万紀＝編
定価（本体2100円＋税）　ISBN978-4-335-00246-5

『政治学』［第 3 版］　渡邉容一郎＝編
定価（本体2300円＋税）　ISBN978-4-335-00252-6

『行政学』［第 2 版］　外山公美＝編
定価（本体2600円＋税）　ISBN978-4-335-00222-9

『国際法』［第 4 版］　渡部茂己・河合利修＝編
定価（本体2200円＋税）　ISBN978-4-335-00247-2

『現代商取引法』　藤田勝利・工藤聡一＝編
定価（本体2800円＋税）　ISBN978-4-335-00193-2

『刑事訴訟法』［第 2 版］　関　正晴＝編
定価（本体2500円＋税）　ISBN978-4-335-00236-6

『行政法』［第 4 版］　池村正道＝編
定価（本体2800円＋税）　ISBN978-4-335-00248-9

『民事訴訟法』［第 2 版］　小田　司＝編
定価（本体2200円＋税）　ISBN978-4-335-00223-6

『日本経済論』　稲葉陽二・乾友彦・伊ヶ崎大理＝編
定価（本体2200円＋税）　ISBN978-4-335-00200-7

『地方自治論』［第 2 版］　福島康仁＝編
定価（本体2000円＋税）　ISBN978-4-335-00234-2

『教育政策・行政』　安藤忠・壽福隆人＝編
定価（本体2200円＋税）　ISBN978-4-335-00201-4

『国際関係論』［第 3 版］　佐渡友哲・信夫隆司・柑本英雄＝編
定価（本体2200円＋税）　ISBN978-4-335-00233-5

『労働法』［第 2 版］　新谷眞人＝編
定価（本体2000円＋税）　ISBN978-4-335-00237-3

『刑事法入門』　船山泰範＝編
定価（本体2000円＋税）　ISBN978-4-335-00210-6

『西洋政治史』　杉本　稔＝編
定価（本体2000円＋税）　ISBN978-4-335-00202-1

『社会保障』　神尾真知子・古橋エツ子＝編
定価（本体2000円＋税）　ISBN978-4-335-00208-3

『民事執行法・民事保全法』　小田　司＝編
定価（本体2500円＋税）　ISBN978-4-335-00207-6

『教育心理学』　和田万紀＝編
定価（本体2000円＋税）　ISBN978-4-335-00212-0

『教育相談』［第 2 版］　津川律子・山口義枝・北村世都＝編
定価（本体2200円＋税）　ISBN978-4-335-00251-9

『法学』［第 3 版］　髙橋雅夫＝編
定価（本体2200円＋税）　ISBN978-4-335-00243-4

Next 教科書シリーズ

好評既刊

（刊行順）

『経済学入門』［第３版］　横溝えりか・竹本　亨＝編
定価（本体2300円＋税）　ISBN978-4-335-00253-3

『日本古典文学』　近藤健史＝編
定価（本体2200円＋税）　ISBN978-4-335-00209-0

『ソーシャルワーク』　金子絵里乃・後藤広史＝編
定価（本体2200円＋税）　ISBN978-4-335-00218-2

『現代教職論』　羽田積男・関川悦雄＝編
定価（本体2100円＋税）　ISBN978-4-335-00220-5

『発達と学習』［第２版］　内藤佳津雄・北村世都・鏡　直子＝編
定価（本体2000円＋税）　ISBN978-4-335-00244-1

『哲学』　石浜弘道＝編
定価（本体1800円＋税）　ISBN978-4-335-00219-9

『道徳教育の理論と方法』　羽田積男・関川悦雄＝編
定価（本体2000円＋税）　ISBN978-4-335-00228-1

『刑法各論』　沼野輝彦・設楽裕文＝編
定価（本体2400円＋税）　ISBN978-4-335-00227-4

『刑法総論』　設楽裕文・南部　篤＝編
定価（本体2400円＋税）　ISBN978-4-335-00235-9

『特別活動・総合的学習の理論と指導法』　関川悦雄・今泉朝雄＝編
定価（本体2000円＋税）　ISBN978-4-335-00239-7

『教育の方法・技術論』　渡部　淳＝編
定価（本体2000円＋税）　ISBN978-4-335-00240-3

『比較憲法』　東　裕・玉蟲由樹＝編
定価（本体2200円＋税）　ISBN978-4-335-00241-0

『地方自治法』［第２版］　池村好道・西原雄二＝編
定価（本体2100円＋税）　ISBN978-4-335-00254-0

『民法入門』　長瀬二三男・永沼淳子＝著
定価（本体2700円＋税）　ISBN978-4-335-00245-8

『日本国憲法』　東　裕・杉山幸一＝編
定価（本体2100円＋税）　ISBN978-4-335-00249-6

『マーケティング論』　雨宮史卓＝編
定価（本体2300円＋税）　ISBN978-4-335-00250-2